In der Strafkolonie & Blumfeld, ein älterer Junggeselle

In the Penal Colony & Blumfeld, an Elderly Bachelor

[Bilingual Edition]

German – English

by Franz Kafka

Translated by Möwenstein

ISBN: 979-8-89513-207-4

Original texts: *In the Penal Colony* (1919) and *Blumfeld, an Elderly Bachelor* (1913) by Franz Kafka (1883-1924)

This bilingual edition—including translation, editorial revisions, formatting, and supplementary content—is produced and edited by Mowenstein Books LLC, with the original text faithfully reproduced from public-domain sources.

While every effort has been made to ensure accuracy, minor discrepancies may occur. Readers are encouraged to consult the original text for reference.

Cover Art: Inspired by *Hustling Sunlight* by Matthew Bakkom (www.hustlingsunlight.xyz)

Möwenstein Books™ is a trademark of and imprint published by Mowenstein Books LLC.

For permissions or inquiries:

Website: mowenstein.com
Email: copyright@mowenstein.com

Mowenstein Books LLC
DE, USA

Contents

In der Strafkolonie

In the Penal Colony

Kapitel 1
Chapter 1

1.1 »Es ist ein eigentümlicher Apparat«, sagte der Offizier zu dem Forschungsreisenden und überblickte mit einem gewissermaßen bewundernden Blick den ihm doch wohlbekannten Apparat.
"It's a peculiar machine," the officer said to the explorer, surveying the familiar apparatus with a look of admiration.

1.2 Der Reisende schien nur aus Höflichkeit der Einladung des Kommandanten gefolgt zu sein, der ihn aufgefordert hatte, der Exekution eines Soldaten beizuwohnen, der wegen Ungehorsam und Beleidigung des Vorgesetzten verurteilt worden war.
The traveler seemed to have accepted the invitation of the commander, who had asked him to attend the execution of a soldier who had been convicted of insubordination and insulting his superior, out of courtesy.

1.3 Das Interesse für diese Exekution war wohl auch in der Strafkolonie nicht sehr groß.
Interest in this execution was probably not very great in the penal colony either.

Wenigstens war hier in dem tiefen, sandigen, von
kahlen Abhängen ringsum abgeschlossenen kleinen
Tal außer dem Offizier und dem Reisenden nur
der Verurteilte, ein stumpfsinniger breitmäuliger
Mensch mit verwahrlostem Haar und Gesicht, und
ein Soldat zugegen, der die schwere Kette hielt, in
welche die kleinen Ketten ausliefen, mit denen der
Verurteilte an den Fuß - und Handknöcheln sowie am
Hals gefesselt war und die auch untereinander durch
Verbindungsketten zusammenhingen.

At least here in the deep, sandy valley surrounded by
barren slopes, apart from the officer and the traveler,
only the condemned man, a dull, broad-mouthed man with
scruffy hair and face, and a soldier were present, holding
the heavy chain into which the small chains ran, with
which the condemned man was bound at the ankles and
hands as well as at the neck and which were also connected
to each other by chains.

Übrigens sah der Verurteilte so hündisch ergeben aus,
daß es den Anschein hatte, als könnte man ihn frei
auf den Abhängen herumlaufen lassen und müsse bei
Beginn der Exekution nur pfeifen, damit er käme.

Incidentally, the condemned man looked so dog-like that it
seemed as if he could be allowed to run around freely on the
slopes and only had to whistle for him to come when the
execution began.

2.1 Der Reisende hatte wenig Sinn für den Apparat und ging hinter dem Verurteilten fast sichtbar unbeteiligt auf und ab, während der Offizier die letzten Vorbereitungen besorgte, bald unter den tief in die Erde eingebauten Apparat kroch, bald auf eine Leiter stieg, um die oberen Teile zu untersuchen.

The traveler had little interest in the apparatus and walked up and down behind the condemned man, almost visibly unconcerned, while the officer made the final preparations, sometimes crawling under the apparatus built deep into the ground, sometimes climbing a ladder to examine the upper parts.

2.2 Das waren Arbeiten, die man eigentlich einem Maschinisten hätte überlassen können, aber der Offizier führte sie mit einem großen Eifer aus, sei es, daß er ein besonderer Anhänger dieses Apparates war, sei es, daß man aus anderen Gründen die Arbeit sonst niemandem anvertrauen konnte.

This was work that could have been left to a machinist, but the officer carried it out with great zeal, either because he was a particular fan of this apparatus or because for other reasons the work could not be entrusted to anyone else.

2.3 »Jetzt ist alles fertig!«

"Now it's all finished!"

2.4 rief er endlich und stieg von der Leiter hinunter.

he finally shouted and climbed down from the ladder.

2.5 Er war ungemein ermattet,

He was extremely exhausted,

2.6 atmete mit weit offenem Mund und hatte zwei zarte Damentaschentücher hinter den Uniformkragen gezwängt.

breathing with his mouth wide open and had two delicate ladies' handkerchiefs tucked behind his uniform collar.

»Diese Uniformen sind doch für die Tropen zu schwer«, sagte der Reisende, statt sich, wie es der Offizier erwartet hatte, nach dem Apparat zu erkundigen.

2.7

"These uniforms are too heavy for the tropics," said the traveler, instead of inquiring about the apparatus, as the officer had expected.

»Gewiß«, sagte der Offizier und wusch sich die von Öl und Fett beschmutzten Hände in einem bereitstehenden Wasserkübel, »aber sie bedeuten die Heimat;

2.8

"Certainly," said the officer, washing his hands, soiled with oil and grease, in a bucket of water, "but they mean home;

wir wollen nicht die Heimat verlieren.

2.9

we don't want to lose our homeland.

– Nun sehen Sie aber diesen Apparat«, fügte er gleich hinzu, trocknete die Hände mit einem Tuch und zeigte gleichzeitig auf den Apparat.

2.10

– But now you see this machine," he added immediately, drying his hands with a cloth and pointing to the machine at the same time.

»Bis jetzt war noch Händearbeit nötig, von jetzt aber arbeitet der Apparat ganz allein.«

2.11

"Until now, manual labor was necessary, but from now on the machine works all by itself."

Der Reisende nickte und folgte dem Offizier.

2.12

The traveler nodded and followed the officer.

Dieser suchte sich für alle Zwischenfälle zu sichern und sagte dann:

2.13

The latter tried to cover himself for any incidents and then said:

2.14 »Es kommen natürlich Störungen vor;
"Of course there are malfunctions;

2.15 ich hoffe zwar, es wird heute keine eintreten,
immerhin muß man mit ihnen rechnen.
I hope there won't be any today, but they must be expected.

2.16 Der Apparat soll ja zwölf Stunden ununterbrochen
im Gang sein.
The apparatus is supposed to be in operation for twelve
hours without interruption.

2.17 Wenn aber auch Störungen vorkommen, so sind sie
doch nur ganz kleine, und sie werden sofort behoben
sein.«
But even if faults do occur, they will only be very minor and
will be rectified immediately."

3.1 »Wollen Sie sich nicht setzen?«
"Won't you sit down?"

3.2 fragte er schließlich, zog aus einem Haufen
von Rohrstühlen einen hervor und bot ihn dem
Reisenden an; dieser konnte nicht ablehnen.
he finally asked, pulling one out of a pile of cane chairs and
offering it to the traveler, who couldn't refuse.

3.3 Er saß nun am Rande einer Grube,
He was now sitting on the edge of a pit,

3.4 in die er einen flüchtigen Blick warf. Sie war nicht
sehr tief.
into which he took a cursory glance. It was not very deep.

Zur einen Seite der Grube war die ausgegrabene Erde zu einem Wall aufgehäuft, zur anderen Seite stand der Apparat. 3.5

On one side of the pit, the excavated earth was piled up to form a mound, and on the other side stood the machine.

»Ich weiß nicht«, sagte der Offizier, »ob Ihnen der Kommandant den Apparat schon erklärt hat.« 3.6

"I don't know," said the officer, "whether the commander has explained the apparatus to you yet."

Der Reisende machte eine ungewisse Handbewegung; 3.7

The traveler made an uncertain gesture;

der Offizier verlangte nichts Besseres, 3.8

the officer asked for nothing better,

denn nun konnte er selbst den Apparat erklären. 3.9

for now he could explain the apparatus himself.

»Dieser Apparat«, sagte er und faßte eine Kurbelstange, auf die er sich stützte, »ist eine Erfindung unseres früheren Kommandanten. 3.10

"This apparatus," he said, grasping a crank rod on which he leaned, "is an invention of our former commander.

Ich habe gleich bei den allerersten Versuchen mitgearbeitet und war auch bei allen Arbeiten bis zur Vollendung beteiligt. 3.11

I worked on the very first experiments and was involved in all the work until it was completed.

Das Verdienst der Erfindung allerdings gebührt ihm ganz allein. 3.12

However, he alone deserves the credit for the invention.

3.13 Haben Sie von unserem früheren Kommandanten gehört? Nicht?

Have you heard of our former commander? Have you not?

3.14 Nun, ich behaupte nicht zu viel, wenn ich sage, daß die Einrichtung der ganzen Strafkolonie sein Werk ist.

Well, I am not saying too much when I say that the establishment of the whole penal colony is his work.

3.15 Wir, seine Freunde, wußten schon bei seinem Tod, daß die Einrichtung der Kolonie so in sich geschlossen ist, daß sein Nachfolger, und habe er tausend neue Pläne im Kopf, wenigstens während vieler Jahre nichts von dem Alten wird abändern können.

We, his friends, already knew when he died that the organization of the colony was so self-contained that his successor, even if he had a thousand new plans in mind, would not be able to change anything of the old, at least not for many years.

3.16 Unsere Voraussage ist auch eingetroffen;

Our prediction has also come true;

3.17 der neue Kommandant hat es erkennen müssen.

the new commander must have realized it.

3.18 Schade, daß Sie den früheren Kommandanten nicht gekannt haben!

It is a pity that you did not know the former commander!

3.19 – Aber«, unterbrach sich der Offizier, »ich schwätze, und sein Apparat steht hier vor uns.

– But," interrupted the officer, "I am talking, and his apparatus is here before us.

Er besteht, wie Sie sehen, aus drei Teilen.   3.20

As you can see, it consists of three parts.

Es haben sich im Laufe der Zeit für jeden dieser   3.21
Teile gewissermaßen volkstümliche Bezeichnungen
ausgebildet.

Over the course of time, popular names have developed for
each of these parts.

Der untere heißt das Bett, der obere heißt der   3.22
Zeichner, und hier der mittlere, schwebende Teil
heißt die Egge.«

The lower one is called the bed, the upper one is called the
draughtsman, and the middle, floating part is called the
harrow."

»Die Egge?« fragte der Reisende.   3.23

"The harrow?" asked the traveler.

Er hatte nicht ganz aufmerksam zugehört, die Sonne   3.24
verfing sich allzu stark in dem schattenlosen Tal,
man konnte schwer seine Gedanken sammeln.

He hadn't been listening very carefully, the sun was too
strong in the shadowless valley and it was difficult to gather
his thoughts.

Um so bewundernswerter erschien ihm der Offizier,   3.25
der im engen, parademäßigen, mit Epauletten
beschwerten, mit Schnüren behängten Waffenrock
so eifrig seine Sache erklärte und außerdem,
während er sprach, mit einem Schraubendreher
noch hier und da an einer Schraube sich zu schaffen
machte.

The officer seemed all the more admirable to him, who was
so eager to explain his business in his tight, parade-style
tunic, weighted down with epaulettes and hung with
strings, and who was also tinkering here and there with a
screwdriver as he spoke.

3.26 In ähnlicher Verfassung wie der Reisende schien der Soldat zu sein.

The soldier seemed to be in a similar condition to the traveler.

3.27 Er hatte um beide Handgelenke die Kette des Verurteilten gewickelt, stützte sich mit der Hand auf sein Gewehr, ließ den Kopf im Genick hinunterhängen und kümmerte sich um nichts.

He had the condemned man's chain wrapped around both wrists, was leaning on his rifle with his hand, his head hanging down on his neck and didn't care about anything.

3.28 Der Reisende wunderte sich nicht darüber, denn der Offizier sprach französisch, und Französisch verstand gewiß weder der Soldat noch der Verurteilte.

The traveler was not surprised, for the officer spoke French, and certainly neither the soldier nor the condemned man understood French.

3.29 Um so auffallender war es allerdings, daß der Verurteilte sich dennoch bemühte, den Erklärungen des Offiziers zu folgen.

It was all the more striking, however, that the condemned man nevertheless endeavored to follow the officer's explanations.

3.30 Mit einer Art schläfriger Beharrlichkeit richtete er die Blicke immer dorthin, wohin der Offizier gerade zeigte, und als dieser jetzt vom Reisenden mit einer Frage unterbrochen wurde, sah auch er, ebenso wie der Offizier, den Reisenden an.

With a kind of sleepy persistence, he always directed his eyes to where the officer was pointing, and when he was interrupted by the traveler with a question, he, like the officer, looked at the traveler.

»Ja, die Egge«, sagte der Offizier, »der Name paßt.   4.1
"Yes, the harrow," said the officer, "the name fits.

Die Nadeln sind eggenartig angeordnet, auch wird   4.2
das Ganze wie eine Egge geführt, wenn auch bloß auf
einem Platz und viel kunstgemäßer.
The needles are arranged like harrows, and the whole thing
is guided like a harrow, although only in one place and
much more artistically.

Sie werden es übrigens gleich verstehen.   4.3
By the way, you'll understand right away.

Hier auf das Bett wird der Verurteilte gelegt.   4.4
The condemned man is placed here on the bed.

– Ich will nämlich den Apparat zuerst beschreiben   4.5
und dann erst die Prozedur selbst ausführen lassen.
– I want to describe the apparatus first and only then carry
out the procedure itself.

Sie werden ihr dann besser folgen können.   4.6
You will then be able to follow it better.

Auch ist ein Zahnrad im Zeichner zu stark   4.7
abgeschliffen;
Also, one of the cogwheels in the draughtsman has been
ground down too much;

es kreischt sehr, wenn es im Gang ist;   4.8
it screeches a lot when it is in motion;

man kann sich dann kaum verständigen;   4.9
you can hardly make yourself understood then;

Ersatzteile sind hier leider nur schwer zu beschaffen.   4.10
unfortunately, spare parts are hard to come by here.

4.11 – Also hier ist das Bett, wie ich sagte.
– So here is the bed, as I said.

4.12 Es ist ganz und gar mit einer Watteschicht bedeckt;
den Zweck dessen werden Sie noch erfahren.
It is completely covered with a layer of absorbent cotton,
the purpose of which you will find out later.

4.13 Auf diese Watte wird der Verurteilte bäuchlings
gelegt,
The condemned man is laid on his stomach on this
absorbent cotton,

4.14 natürlich nackt;
naked of course;

4.15 hier sind für die Hände, hier für die Füße, hier für
den Hals Riemen, um ihn festzuschnallen.
here are straps for the hands, here for the feet, here for the
neck, to strap him down.

4.16 Hier am Kopfende des Bettes, wo der Mann, wie
ich gesagt habe, zuerst mit dem Gesicht aufliegt,
ist dieser kleine Filzstumpf, der leicht so reguliert
werden kann, daß er dem Mann gerade in den Mund
dringt.
Here at the head of the bed, where, as I have said, the man
lies face first, is this little felt stump, which can easily be
adjusted so that it goes straight into the man's mouth.

4.17 Er hat den Zweck, am Schreien und am Zerbeißen der
Zunge zu hindern.
Its purpose is to prevent him from screaming and biting his
tongue.

Natürlich muß der Mann den Filz aufnehmen, da ihm sonst durch den Halsriemen das Genick gebrochen wird.«

Of course, the man has to pick up the felt, otherwise his neck will be broken by the neck strap."

»Das ist Watte?«

"This is absorbent cotton?"

fragte der Reisende und beugte sich vor.

asked the traveler, leaning forward.

»Ja, gewiß«, sagte der Offizier lächelnd, »befühlen Sie es selbst.«

"Yes, of course," said the officer with a smile, "feel it for yourself."

Er faßte die Hand des Reisenden und führte sie über das Bett hin.

He took hold of the traveler's hand and guided it over the bed.

»Es ist eine besonders präparierte Watte,

"It's a specially prepared absorbent cotton,

darum sieht sie so unkenntlich aus;

that's why it looks so unrecognizable;

ich werde auf ihren Zweck noch zu sprechen kommen.«

I'll come to its purpose later."

Der Reisende war schon ein wenig für den Apparat gewonnen;

The traveler was already somewhat won over to the apparatus;

4.27 die Hand zum Schutz gegen die Sonne über den Augen,

with his hand over his eyes to protect them from the sun,

4.28 sah er an dem Apparat in die Höhe. Es war ein großer Aufbau.

he looked up at the apparatus. It was a large structure.

4.29 Das Bett und der Zeichner hatten gleichen Umfang und sahen wie zwei dunkle Truhen aus.

The bed and the draughtsman were the same size and looked like two dark chests.

4.30 Der Zeichner war etwa zwei Meter über dem Bett angebracht;

The draughtsman was mounted about two meters above the bed;

4.31 beide waren in den Ecken durch vier Messingstangen verbunden, die in der Sonne fast Strahlen warfen.

both were connected at the corners by four brass rods that almost cast rays in the sun.

4.32 Zwischen den Truhen schwebte an einem Stahlband die Egge.

The harrow floated between the chests on a steel band.

5.1 Der Offizier hatte die frühere Gleichgültigkeit des Reisenden kaum bemerkt,

The officer had hardly noticed the traveler's earlier indifference,

5.2 wohl aber hatte er für sein jetzt beginnendes Interesse Sinn;

but he had a sense of his now incipient interest;

er setzte deshalb in seinen Erklärungen aus, um dem Reisenden zur ungestörten Betrachtung Zeit zu lassen. 5.3

he therefore paused in his explanations to give the traveler time for undisturbed contemplation.

Der Verurteilte ahmte den Reisenden nach; 5.4

The condemned man imitated the traveler;

da er die Hand nicht über die Augen legen konnte, 5.5

as he could not put his hand over his eyes,

blinzelte er mit freien Augen zur Höhe. 5.6

he blinked upwards with his eyes open.

»Nun liegt also der Mann«, sagte der Reisende, lehnte sich im Sessel zurück und kreuzte die Beine. 6.1

"So now the man lies," said the traveler, leaning back in the armchair and crossing his legs.

»Ja«, sagte der Offizier, schob ein wenig die Mütze zurück und fuhr sich mit der Hand über das heiße Gesicht, »nun hören Sie! 7.1

"Yes," said the officer, pushing back his cap a little and running his hand over his hot face, "now listen!

Sowohl das Bett als auch der Zeichner haben ihre eigene elektrische Batterie; 7.2

Both the bed and the draughtsman have their own electric battery;

das Bett braucht sie für sich selbst, 7.3

the bed needs it for itself,

der Zeichner für die Egge. 7.4

the draughtsman for the harrow.

7.5 **Sobald der Mann festgeschnallt ist,**
As soon as the man is strapped in,

7.6 **wird das Bett in Bewegung gesetzt.**
the bed is set in motion.

7.7 **Es zittert in winzigen,**
It shakes sideways and up and down at the same time in tiny,

7.8 **sehr schnellen Zuckungen gleichzeitig seitlich wie auch auf und ab.**
very fast jerks.

7.9 **Sie werden ähnliche Apparate in Heilanstalten gesehen haben;**
You will have seen similar apparatuses in sanatoriums;

7.10 **nur sind bei unserem Bett alle Bewegungen genau berechnet;**
only in our bed all the movements are precisely calculated;

7.11 **sie müssen nämlich peinlich auf die Bewegungen der Egge abgestimmt sein.**
they have to be meticulously coordinated with the movements of the harrow.

7.12 **Dieser Egge aber ist die eigentliche Ausführung des Urteils überlassen.«**
But the actual execution of the judgment is left to this harrow."

8.1 **»Wie lautet denn das Urteil?« fragte der Reisende.**
"What is the verdict?" asked the traveler.

8.2 **»Sie wissen auch das nicht?«**
"You don't know that either?"

sagte der Offizier erstaunt und biß sich auf die Lippen:

8.3

said the officer in astonishment, biting his lips:

»Verzeihen Sie, wenn vielleicht meine Erklärungen ungeordnet sind;

8.4

"Forgive me if my explanations are perhaps disorganized;

ich bitte Sie sehr um Entschuldigung.

8.5

I beg your pardon.

Die Erklärungen pflegte früher nämlich der Kommandant zu geben; der neue Kommandant aber hat sich dieser Ehrenpflicht entzogen; daß er jedoch einen so hohen Besuch«

8.6

The commander used to give the explanations, but the new commander has shirked this duty of honor; but the fact that he has not even informed such a distinguished visitor"

– der Reisende suchte die Ehrung mit beiden Händen abzuwehren,

8.7

– the traveler tried to ward off the honor with both hands,

aber der Offizier bestand auf dem Ausdruck –

8.8

but the officer insisted on the expression –

»einen so hohen Besuch nicht einmal von der Form unseres Urteils in Kenntnis setzt, ist wieder eine Neuerung, die – «,

8.9

"of the form of our verdict is again an innovation that – ",

er hatte einen Fluch auf den Lippen, faßte sich aber und sagte nur:

8.10

he had a curse on his lips, but composed himself and said only:

8.11 »Ich wurde nicht davon verständigt,
"I was not informed of this,

8.12 mich trifft nicht die Schuld.
I am not to blame.

8.13 übrigens bin ich allerdings am besten befähigt,
unsere Urteilsarten zu erklären, denn ich trage hier«
By the way, I am best qualified to explain the nature of our
verdicts, for I carry here"

8.14 – er schlug auf seine Brusttasche –
– he struck his breast pocket –

8.15 »die betreffenden Handzeichnungen des früheren
Kommandanten.«
"the relevant sketches of the former commander."

9.1 »Handzeichnungen des Kommandanten selbst?«
fragte der Reisende:
"Hand drawings by the commander himself?" asked the
traveler:

9.2 »Hat er denn alles in sich vereinigt?
"Did he combine everything?

9.3 War er Soldat, Richter, Konstrukteur, Chemiker,
Zeichner?«
Was he a soldier, judge, designer, chemist, draughtsman?"

10.1 »Jawohl«, sagte der Offizier kopfnickend, mit
starrem, nachdenklichem Blick.
"Yes," said the officer, nodding his head, his gaze fixed and
thoughtful.

10.2 Dann sah er prüfend seine Hände an;
Then he examined his hands;

sie schienen ihm nicht rein genug,

10.3

they didn't seem clean enough for him to touch the drawings,

um die Zeichnungen anzufassen; er ging daher zum Kübel und wusch sie nochmals.

10.4

so he went to the bucket and washed them again.

Dann zog er eine kleine Ledermappe hervor und sagte:

10.5

Then he pulled out a small leather folder and said:

»Unser Urteil klingt nicht streng.

10.6

"Our judgment doesn't sound harsh.

Dem Verurteilten wird das Gebot, das er übertreten hat, mit der Egge auf den Leib geschrieben.

10.7

The condemned man will have the commandment he has broken written on his body with a harrow.

Diesem Verurteilten zum Beispiel«

10.8

This convict, for example"

– der Offizier zeigte auf den Mann –

10.9

– the officer pointed to the man –

»wird auf den Leib geschrieben werden:

10.10

"will have it written on his body:

Ehre deinen Vorgesetzten!«

10.11

Honor your superior!"

Der Reisende sah flüchtig auf den Mann hin;

11.1

The traveler glanced at the man;

11.2 er hielt, als der Offizier auf ihn gezeigt hatte, den Kopf gesenkt und schien alle Kraft des Gehörs anzuspannen, um etwas zu erfahren.

when the officer pointed at him, he lowered his head and seemed to strain all his hearing to hear something.

11.3 Aber die Bewegungen seiner wulstig aneinander gedrückten Lippen zeigten offenbar, daß er nichts verstehen konnte.

But the movements of his lips, pressed tightly together, obviously showed that he could understand nothing.

11.4 Der Reisende hatte verschiedenes fragen wollen, fragte aber im Anblick des Mannes nur,

The traveler had wanted to ask various questions, but, looking at the man, only asked,

11.5 »Kennt er sein Urteil?«

"Does he know his sentence?"

11.6 »Nein«, sagte der Offizier und wollte gleich in seinen Erklärungen fortfahren, aber der Reisende unterbrach ihn:

"No," said the officer and was about to continue his explanation, but the traveler interrupted him:

11.7 »Er kennt sein eigenes Urteil nicht?«

"He doesn't know his own judgment?"

11.8 »Nein«, sagte der Offizier wieder, stockte dann einen Augenblick, als verlange er vom Reisenden eine nähere Begründung seiner Frage, und sagte dann:

"No," said the officer again, then paused for a moment, as if he wanted the traveler to explain his question in more detail, and then said:

11.9 »Es wäre nutzlos, es ihm zu verkünden.

"It would be useless to tell him.

Er erfährt es ja auf seinem Leib.«

11.10

He will find out on his own body. "

Der Reisende wollte schon verstummen, da fühlte er, wie der Verurteilte seinen Blick auf ihn richtete;

11.11

The traveler was about to fall silent when he felt the condemned man turn his gaze towards him;

er schien zu fragen, ob er den geschilderten Vorgang billigen könne.

11.12

he seemed to be asking whether he could approve of what he had just described.

Darum beugte sich der Reisende, der sich bereits zurückgelehnt hatte, wieder vor und fragte noch:

11.13

So the traveler, who had already leaned back, leaned forward again and asked:

»Aber daß er überhaupt verurteilt wurde,

11.14

"But he knows that he was sentenced in the first place,

das weiß er doch?«

11.15

doesn't he?"

»Auch nicht«, sagte der Offizier und lächelte den Reisenden an, als erwarte er nun von ihm noch einige sonderbare Eröffnungen.

11.16

"Neither does he," said the officer, smiling at the traveler as if he expected him to make some strange revelations.

»Nein«, sagte der Reisende und strich sich über die Stirn hin, »dann weiß also der Mann auch jetzt noch nicht, wie seine Verteidigung aufgenommen wurde?«

11.17

"No," said the traveler, stroking his forehead, "then the man still doesn't know how his defense was received?"

11.18 »Er hat keine Gelegenheit gehabt, sich zu verteidigen«, sagte der Offizier und sah abseits, als rede er zu sich selbst und wolle den Reisenden durch Erzählung dieser ihm selbstverständlichen Dinge nicht beschämen.

"He has had no opportunity to defend himself," said the officer, looking away as if he were talking to himself and did not want to embarrass the traveler by telling him these things he took for granted.

11.19 »Er muß doch Gelegenheit gehabt haben, sich zu verteidigen«, sagte der Reisende und stand vom Sessel auf.

"He must have had the opportunity to defend himself," said the traveler, getting up from his chair.

12.1 Der Offizier erkannte, daß er in Gefahr war, in der Erklärung des Apparates für lange Zeit aufgehalten zu werden;

The officer realized that he was in danger of being held up for a long time in the explanation of the apparatus;

12.2 er ging daher zum Reisenden, hing sich in seinen Arm, zeigte mit der Hand auf den Verurteilten, der sich jetzt, da die Aufmerksamkeit so offenbar auf ihn gerichtet war, stramm aufstellte – auch zog der Soldat die Kette an - , und sagte:

he therefore went up to the traveller, hung himself on his arm, pointed with his hand to the condemned man, who now, as the attention was so evidently directed towards him, stood up at attention - the soldier also put on the chain - and said:

12.3 »Die Sache verhält sich folgendermaßen.

"The matter is as follows.

Ich bin hier in der Strafkolonie zum Richter bestellt.   12.4
I have been appointed judge here in the penal colony.

Trotz meiner Jugend.   12.5
Despite my youth.

Denn ich stand auch dem früheren Kommandanten   12.6
in allen Strafsachen zur Seite und kenne auch den
Apparat am besten.
Because I also assisted the former commandant in all
criminal cases and know the apparatus best.

Der Grundsatz, nach dem ich entscheide, ist: 12.7
The principle on which I decide is:

Die Schuld ist immer zweifellos.   12.8
guilt is always beyond doubt.

Andere Gerichte können diesen Grundsatz nicht   12.9
befolgen, denn sie sind vielköpfig und haben auch
noch höhere Gerichte über sich.
Other courts cannot follow this principle because they are
many-headed and also have higher courts above them.

Das ist hier nicht der Fall,   12.10
That is not the case here,

oder war es wenigstens nicht beim früheren   12.11
Kommandanten.
or at least it wasn't with the previous commander.

Der neue hat allerdings schon Lust gezeigt, in mein   12.12
Gericht sich einzumischen, es ist mir aber bisher
gelungen, ihn abzuwehren, und wird mir auch weiter
gelingen.
The new one, however, has already shown a desire to
interfere in my court, but I have so far succeeded in fending
him off and will continue to do so.

12.13 – Sie wollten diesen Fall erklärt haben;
– You wanted this case explained;

12.14 er ist so einfach wie alle.
it is as simple as all that.

12.15 Ein Hauptmann hat heute morgens die Anzeige erstattet, daß dieser Mann, der ihm als Diener zugeteilt ist und vor seiner Türe schläft, den Dienst verschlafen hat.
A captain reported this morning that this man, who is assigned to him as a servant and sleeps outside his door, had overslept his duty.

12.16 Er hat nämlich die Pflicht, bei jedem Stundenschlag aufzustehen und vor der Tür des Hauptmanns zu salutieren.
It is his duty to get up at the stroke of the hour and salute the captain's door.

12.17 Gewiß keine schwere Pflicht und eine notwendige,
Certainly not a difficult duty and a necessary one,

12.18 denn er soll sowohl zur Bewachung als auch zur Bedienung frisch bleiben.
as he has to stay fresh for both guard duty and service.

12.19 Der Hauptmann wollte in der gestrigen Nacht nachsehen, ob der Diener seine Pflicht erfülle.
The captain wanted to check last night whether the servant was doing his duty.

12.20 Er öffnete Schlag zwei Uhr die Tür und fand ihn zusammengekrümmt schlafen.
He opened the door at two o'clock and found him curled up asleep.

Er holte die Reitpeitsche und schlug ihm über das Gesicht.

12.21

He fetched the riding crop and struck him across the face.

Statt nun aufzustehen und um Verzeihung zu bitten, faßte der Mann seinen Herrn bei den Beinen, schüttelte ihn und rief,

12.22

Instead of getting up and begging his pardon, the man seized his master by the legs, shook him, and cried,

›Wirf die Peitsche weg, oder ich fresse dich.‹

12.23

'Throw away the whip, or I'll eat you.'

– Das ist der Sachverhalt.

12.24

– these are the facts.

Der Hauptmann kam vor einer Stunde zu mir,

12.25

The captain came to me an hour ago,

ich schrieb seine Angaben auf und anschließend gleich das Urteil.

12.26

I wrote down his details and then the sentence.

Dann ließ ich dem Mann die Ketten anlegen.

12.27

Then I had the man shackled.

Das alles war sehr einfach.

12.28

It was all very simple.

Hätte ich den Mann zuerst vorgerufen und ausgefragt,

12.29

If I had summoned the man first and questioned him,

so wäre nur Verwirrung entstanden.

12.30

it would only have caused confusion.

12.31 **Er hätte gelogen, hätte, wenn es mir gelungen wäre, die Lügen zu widerlegen, diese durch neue Lügen ersetzt und so fort.**

He would have lied, and if I had succeeded in disproving the lies, he would have replaced them with new lies and so on.

12.32 **Jetzt aber halte ich ihn und lasse ihn nicht mehr.**

But now I'm holding him and won't let him go.

12.33 **– Ist nun alles erklärt?**

– Is everything explained now?

12.34 **Aber die Zeit vergeht, die Exekution sollte schon beginnen, und ich bin mit der Erklärung des Apparates noch nicht fertig.«**

But time is running out, the execution should already be starting, and I haven't finished explaining the device yet."

12.35 **Er nötigte den Reisenden auf den Sessel nieder,**

He forced the traveler to sit down on the chair,

12.36 **trat wieder zu dem Apparat und begann: »Wie Sie sehen,**

stepped back to the apparatus and began: "As you can see,

12.37 **entspricht die Egge der Form des Menschen;**

the harrow corresponds to the shape of a human being;

12.38 **hier ist die Egge für den Oberkörper,**

here is the harrow for the upper body,

12.39 **hier sind die Eggen für die Beine.**

here are the harrows for the legs.

12.40 **Für den Kopf ist nur dieser kleine Stichel bestimmt.**

Only this small harrow is for the head.

Ist Ihnen das klar?« 12.41

Is that clear to you?"

Er beugte sich freundlich zu dem Reisenden vor, 12.42

He leaned forward towards the traveler in a friendly manner,

bereit zu den umfassendsten Erklärungen. 12.43

ready to give the most comprehensive explanations.

Kapitel 2

Chapter 2

1.1 Der Reisende sah mit gerunzelter Stirn die Egge an.

The traveler looked at the harrow with a furrowed brow.

1.2 Die Mitteilungen über das Gerichtsverfahren hatten ihn nicht befriedigt.

The news of the trial had not satisfied him.

1.3 Immerhin mußte er sich sagen, daß es sich hier um eine Strafkolonie handelte, daß hier besondere Maßregeln notwendig waren und daß man bis zum letzten militärisch vorgehen mußte.

After all, he had to tell himself that this was a penal colony, that special measures were necessary here and that military action had to be taken to the last.

1.4 Außerdem aber setzte er einige Hoffnungen auf den neuen Kommandanten, der offenbar, allerdings langsam, ein neues Verfahren einzuführen beabsichtigte, das dem beschränkten Kopf dieses Offiziers nicht eingehen konnte.

In addition, however, he was pinning some hopes on the new commander, who evidently intended to introduce, albeit slowly, a new procedure that would not suit the limited mind of this officer.

Aus diesem Gedankengang heraus fragte der Reisende:

1.5

From this train of thought, the traveler asked:

»Wird der Kommandant der Exekution beiwohnen?«

1.6

"Will the commander attend the execution?"

»Es ist nicht gewiß«, sagte der Offizier, durch die unvermittelte Frage peinlich berührt, und seine freundliche Miene verzerrte sich:

1.7

"It is not certain," said the officer, embarrassed by the abrupt question, and his friendly expression became distorted:

»Gerade deshalb müssen wir uns beeilen.

1.8

"That is precisely why we must hurry.

Ich werde sogar, so leid es mir tut, meine Erklärungen abkürzen müssen.

1.9

I am sorry to say that I will even have to cut my explanations short.

Aber ich könnte ja morgen, wenn der Apparat wieder gereinigt ist – daß er so sehr beschmutzt wird, ist sein einziger Fehler - , die näheren Erklärungen nachtragen.

1.10

But tomorrow, when the machine has been cleaned again - the fact that it is so dirty is its only fault - I could add the more detailed explanations.

Jetzt also nur das Notwendigste.

1.11

So now only the bare essentials.

– Wenn der Mann auf dem Bett liegt und dieses ins Zittern gebracht ist,

1.12

– When the man is lying on the bed and it has begun to tremble,

1.13 **wird die Egge auf den Körper gesenkt.**
the harrow is lowered onto the body.

1.14 **Sie stellt sich von selbst so ein, daß sie nur knapp mit den Spitzen den Körper berührt;**
It adjusts itself so that its tips only just touch the body;

1.15 **ist diese Einstellung vollzogen,**
once this adjustment is complete,

1.16 **strafft sich sofort dieses Stahlseil zu einer Stange.**
the steel cable immediately tightens into a pole.

1.17 **Und nun beginnt das Spiel.**
And now the game begins.

1.18 **Ein Nichteingeweihter merkt äußerlich keinen Unterschied in den Strafen.**
An uninitiated person will not notice any outward difference in the punishments.

1.19 **Die Egge scheint gleichförmig zu arbeiten.**
The harrow seems to work uniformly.

1.20 **Zitternd sticht sie ihre Spitzen in den Körper ein, der überdies vom Bett aus zittert.**
Trembling, it stabs its points into the body, which also trembles from the bed.

1.21 **Um es nun jedem zu ermöglichen, die Ausführung des Urteils zu überprüfen, wurde die Egge aus Glas gemacht.**
To enable everyone to check the execution of the sentence, the harrow was made of glass.

Es hat einige technische Schwierigkeiten verursacht, die Nadeln darin zu befestigen, es ist aber nach vielen Versuchen gelungen.

1.22

It caused some technical difficulties to fix the needles in it, but after many attempts we succeeded.

Wir haben eben keine Mühe gescheut.

1.23

We spared no effort.

Und nun kann jeder durch das Glas sehen, wie sich die Inschrift im Körper vollzieht.

1.24

And now everyone can see through the glass how the inscription takes place in the body.

Wollen Sie nicht näherkommen und sich die Nadeln ansehen?«

1.25

Won't you come closer and have a look at the needles?"

Der Reisende erhob sich langsam,

2.1

The traveler rose slowly,

ging hin und beugte sich über die Egge.

2.2

walked over and bent over the harrow.

»Sie sehen«, sagte der Offizier, »zweierlei Nadeln in vielfacher Anordnung.

2.3

"You see," said the officer, "two sets of needles in a multiple arrangement.

Jede lange hat eine kurze neben sich.

2.4

Each long one has a short one next to it.

Die lange schreibt nämlich, und die kurze spritzt Wasser aus, um das Blut abzuwaschen und die Schrift immer klar zu erhalten.

2.5

The long one writes, and the short one squirts out water to wash away the blood and keep the writing clear.

2.6 Das Blutwasser wird dann hier in kleine Rinnen geleitet und fließt endlich in diese Hauptrinne,

The blood water is then directed into small channels here and finally flows into this main channel,

2.7 deren Abflußrohr in die Grube führt.«

whose drainage pipe leads into the pit."

2.8 Der Offizier zeigte mit dem Finger genau den Weg, den das Blutwasser nehmen mußte.

The officer pointed with his finger exactly where the blood water had to go.

2.9 Als er es, um es möglichst anschaulich zu machen, an der Mündung des Abflußrohres mit beiden Händen förmlich auffing, erhob der Reisende den Kopf und wollte, mit der Hand rückwärts tastend, zu seinem Sessel zurückgehen.

As he literally caught it with both hands at the mouth of the drainpipe to make it as clear as possible, the traveler raised his head and, feeling backwards with his hand, wanted to go back to his chair.

2.10 Da sah er zu seinem Schrecken, daß auch der Verurteilte gleich ihm der Einladung des Offiziers, sich die Einrichtung der Egge aus der Nähe anzusehen, gefolgt war.

To his horror, he saw that the condemned man had accepted the officer's invitation to take a closer look at the harrow.

2.11 Er hatte den verschlafenen Soldaten an der Kette ein wenig vorgezerrt und sich auch über das Glas gebeugt.

He had pulled the sleepy soldier forward a little by the chain and also bent over the glass.

Man sah, wie er mit unsicheren Augen auch das suchte, was die zwei Herren eben beobachtet hatten, wie es ihm aber, da ihm die Erklärung fehlte, nicht gelingen wollte.

2.12

You could see him searching with uncertain eyes for what the two gentlemen had just observed, but, lacking an explanation, he was unable to find it.

Er beugte sich hierhin und dorthin.

2.13

He bent here and there.

Immer wieder lief er mit den Augen das Glas ab.

2.14

Again and again he scanned the glass with his eyes.

Der Reisende wollte ihn zurücktreiben, denn, was er tat, war wahrscheinlich strafbar.

2.15

The traveler wanted to drive him back, because what he was doing was probably punishable.

Aber der Offizier hielt den Reisenden mit einer Hand fest,

2.16

But the officer held the traveler with one hand,

nahm mit der anderen eine Erdscholle vom Wall und warf sie nach dem Soldaten.

2.17

took a clod of earth from the rampart with the other and threw it at the soldier.

2.18 Dieser hob mit einem Ruck die Augen, sah, was der Verurteilte gewagt hatte, ließ das Gewehr fallen, stemmte die Füße mit den Absätzen in den Boden, riß den Verurteilten zurück, daß er gleich niederfiel, und sah dann auf ihn hinunter, wie er sich wand und mit seinen Ketten klirrte.

The latter raised his eyes with a jerk, saw what the condemned man had dared to do, dropped his rifle, planted his feet on the ground with his heels, pulled the condemned man back so that he fell down immediately, and then looked down at him as he writhed and rattled his chains.

2.19 »Stell ihn auf!«

"Stand him up!"

2.20 schrie der Offizier, denn er merkte, daß der Reisende durch den Verurteilten allzusehr abgelenkt wurde.

cried the officer, for he realized that the traveller was too much distracted by the condemned man.

2.21 Der Reisende beugte sich sogar über die Egge hinweg, ohne sich um sie zu kümmern, und wollte nur feststellen, was mit dem Verurteilten geschehe.

The traveler even leaned over the harrow without paying any attention to it, only wanting to find out what was happening to the condemned man.

2.22 »Behandle ihn sorgfältig!« schrie der Offizier wieder.

"Handle him carefully!" the officer shouted again.

2.23 Er umlief den Apparat, faßte selbst den Verurteilten unter den Achseln und stellte ihn, der öfters mit den Füßen ausglitt, mit Hilfe des Soldaten auf.

He walked around the apparatus, grabbed the condemned man himself under the armpits and, with the help of the soldier, stood him upright.

»Nun weiß ich schon alles«, sagte der Reisende, als der Offizier wieder zu ihm zurückkehrte.

3.1

"Now I know everything," said the traveler as the officer returned to him.

»Bis auf das Wichtigste«, sagte dieser, ergriff den Reisenden am Arm und zeigte in die Höhe:

3.2

"Except for the most important thing," he said, taking the traveler by the arm and pointing upwards:

»Dort im Zeichner ist das Räderwerk, welches die Bewegung der Egge bestimmt, und dieses Räderwerk wird nach der Zeichnung, auf welche das Urteil lautet, angeordnet.

3.3

"There in the draughtsman's room is the gear train that determines the movement of the harrow, and this gear train is arranged according to the drawing on which the verdict is based.

Ich verwende noch die Zeichnungen des früheren Kommandanten.

3.4

I am still using the drawings of the former commander.

Hier sind sie«

3.5

Here they are"

– er zog einige Blätter aus der Ledermappe - ,

3.6

– he pulled a few sheets out of the leather folder -

»ich kann sie Ihnen aber leider nicht in die Hand geben, sie sind das Teuerste, was ich habe.

3.7

"but unfortunately I can't give them to you, they're the most expensive thing I have.

3.8 Setzen Sie sich, ich zeige sie Ihnen aus dieser Entfernung, dann werden Sie alles gut sehen können.«

Sit down, I'll show them to you from this distance, then you'll be able to see everything clearly."

3.9 Er zeigte das erste Blatt.

He showed the first sheet.

3.10 Der Reisende hätte gerne etwas Anerkennendes gesagt, aber er sah nur labyrinthartige, einander vielfach kreuzende Linien, die so dicht das Papier bedeckten, daß man nur mit Mühe die weißen Zwischenräume erkannte.

The traveler would have liked to say something appreciative, but all he could see were labyrinthine lines crossing each other many times, covering the paper so densely that it was difficult to make out the white spaces between them.

3.11 »Lesen Sie,« sagte der Offizier. »Ich kann nicht,«

"Read," said the officer. "I can't,"

3.12 sagte der Reisende. »Es ist doch deutlich,«

said the traveler. "It's clear,"

3.13 sagte der Offizier.

said the officer.

3.14 »Es ist sehr kunstvoll«, sagte der Reisende ausweichend, »aber ich kann es nicht entziffern.«

"It's very artistic," said the traveler evasively, "but I can't decipher it."

»Ja«, sagte der Offizier, lachte und steckte die
Mappe wieder ein, »es ist keine Schönschrift für
Schulkinder.

"Yes," said the officer, laughing and putting the folder back
in his pocket, "it's not fair writing for schoolchildren.

3.15

Man muß lange darin lesen.

You have to read it for a long time.

3.16

Auch Sie würden es schließlich gewiß erkennen.

You would certainly recognize it in the end.

3.17

Es darf natürlich keine einfache Schrift sein;

It mustn't be simple writing, of course;

3.18

sie soll ja nicht sofort töten,

it's not supposed to kill immediately,

3.19

sondern durchschnittlich erst in einem Zeitraum von
zwölf Stunden;

but only after an average of twelve hours;

3.20

für die sechste Stunde ist der Wendepunkt berechnet.

the turning point is calculated for the sixth hour.

3.21

Es müssen also viele,

There must therefore be many,

3.22

viele Zieraten die eigentliche Schrift umgeben;

many ornaments surrounding the actual writing;

3.23

die wirkliche Schrift umzieht den Leib nur in einem
schmalen Gürtel;

the real writing only covers the body in a narrow belt;

3.24

der übrige Körper ist für Verzierungen bestimmt.

the rest of the body is intended for decoration.

3.25

3.26   Können Sie jetzt die Arbeit der Egge und des ganzen
Apparates würdigen?

Can you now appreciate the work of the harrow and the
whole apparatus?

3.27   – Sehen Sie doch!«

– Just look!"

3.28   Er sprang auf die Leiter, drehte ein Rad, rief
hinunter:

He jumped onto the ladder, turned a wheel and called
down:

3.29   »Achtung, treten Sie zur Seite! «, und alles kam in
Gang.

"Watch out, step aside! ", and everything got going.

3.30   Hätte das Rad nicht gekreischt, es wäre herrlich
gewesen.

If the wheel hadn't screeched, it would have been
wonderful.

3.31   Als sei der Offizier von diesem störenden Rad
überrascht, drohte er ihm mit der Faust, breitete
dann, sich entschuldigend, zum Reisenden hin die
Arme aus und kletterte eilig hinunter, um den Gang
des Apparates von unten zu beobachten.

As if surprised by this disturbing wheel, the officer
threatened it with his fist, then, apologetically, spread
his arms towards the traveler and hurriedly climbed down
to observe the movement of the apparatus from below.

3.32   Noch war etwas nicht in Ordnung, das nur er merkte;

Something was still wrong, which only he noticed;

er kletterte wieder hinauf, griff mit beiden Händen
in das Innere des Zeichners, glitt dann, um rascher
hinunterzukommen, statt die Leiter zu benutzen,
an der einen Stange hinunter und schrie nun, um
sich im Lärm verständlich zu machen, mit äußerster
Anspannung dem Reisenden ins Ohr:

3.33

he climbed up again, reached into the inside of the
draughtsman with both hands, then, in order to get down
more quickly, instead of using the ladder, slid down one of
the bars and, in order to make himself understood in the
noise, shouted in the traveler's ear with extreme tension:

»Begreifen Sie den Vorgang?

3.34

"Do you understand what's going on?

Die Egge fängt zu schreiben an;

3.35

The harrow begins to write;

ist sie mit der ersten Anlage der Schrift auf dem
Rücken des Mannes fertig, rollt die Watteschicht
und wälzt den Körper langsam auf die Seite, um der
Egge neuen Raum zu bieten.

3.36

when it has finished the first layer of writing on the man's
back, the layer of cotton rolls and slowly rolls the body onto
its side to give the harrow new space.

Inzwischen legen sich die wundbeschriebenen
Stellen auf die Watte, welche infolge der besonderen
Präparierung sofort die Blutung stillt und zu neuer
Vertiefung der Schrift vorbereitet.

3.37

In the meantime, the wounded areas lie on the absorbent
cotton, which immediately stops the bleeding due to the
special preparation and prepares for a new deepening of
the writing.

3.38 **Hier die Zacken am Rande der Egge reißen dann beim weiteren Umwälzen des Körpers die Watte von den Wunden, schleudern sie in die Grube, und die Egge hat wieder Arbeit.**

The prongs on the edge of the harrow then tear the absorbent cotton from the wounds as the body continues to roll around, flinging it into the pit, and the harrow has work to do again.

3.39 **So schreibt sie immer tiefer die zwölf Stunden lang.**

In this way, it writes deeper and deeper for twelve hours.

3.40 **Die ersten sechs Stunden lebt der Verurteilte fast wie früher, er leidet nur Schmerzen.**

For the first six hours, the condemned man lives almost as before, suffering only pain.

3.41 **Nach zwei Stunden wird der Filz entfernt,**

After two hours,

3.42 **denn der Mann hat keine Kraft zum Schreien mehr.**

the felt is removed because the man no longer has the strength to scream.

3.43 **Hier in diesen elektrisch geheizten Napf am Kopfende wird warmer Reisbrei gelegt, aus dem der Mann, wenn er Lust hat, nehmen kann, was er mit der Zunge erhascht.**

Warm rice porridge is placed in this electrically heated bowl at the head end, from which the man can take whatever he wants with his tongue.

3.44 **Keiner versäumt die Gelegenheit. Ich weiß keinen,**

No one misses the opportunity. I don't know anyone,

3.45 **und meine Erfahrung ist groß.**

and my experience is vast.

Erst um die sechste Stunde verliert er das Vergnügen am Essen.   3.46

He only loses the pleasure of eating around the sixth hour.

Ich knie dann gewöhnlich hier nieder und beobachte diese Erscheinung.   3.47

I usually kneel down here and watch this phenomenon.

Der Mann schluckt den letzten Bissen selten,   3.48

The man rarely swallows the last mouthful,

er dreht ihn nur im Mund und speit ihn in die Grube.   3.49

he just turns it in his mouth and spits it into the pit.

Ich muß mich dann bücken, sonst fährt er mir ins Gesicht.   3.50

I then have to bend down, otherwise it hits me in the face.

Wie still wird dann aber der Mann um die sechste Stunde!   3.51

But how quiet the man becomes at the sixth hour!

Verstand geht dem Blödesten auf. Um die Augen beginnt es.   3.52

Reason dawns on the most stupid. It starts around the eyes.

Von hier aus verbreitet es sich.   3.53

From here it spreads.

Ein Anblick, der einen verführen könnte, sich mit unter die Egge zu legen.   3.54

A sight that could tempt you to lie down under the harrow.

3.55 **Es geschieht ja weiter nichts, der Mann fängt bloß an, die Schrift zu entziffern, er spitzt den Mund, als horche er.**

Nothing else happens, the man merely begins to decipher the writing, he purses his lips as if listening.

3.56 **Sie haben gesehen, es ist nicht leicht, die Schrift mit den Augen zu entziffern; unser Mann entziffert sie aber mit seinen Wunden.**

As you have seen, it is not easy to decipher the writing with your eyes, but our man deciphers it with his wounds.

3.57 **Es ist allerdings viel Arbeit;**

It is a lot of work though;

3.58 **er braucht sechs Stunden zu ihrer Vollendung.**

it takes him six hours to complete it.

3.59 **Dann aber spießt ihn die Egge vollständig auf und wirft ihn in die Grube,**

But then the harrow impales him completely and throws him into the pit,

3.60 **wo er auf das Blutwasser und die Watte niederklatscht.**

where he slaps down on the blood water and the absorbent cotton.

3.61 **Dann ist das Gericht zu Ende, und wir, ich und der Soldat, scharren ihn ein.«**

Then the judgment is over and we, me and the soldier, dig him in."

4.1 **Der Reisende hatte das Ohr zum Offizier geneigt und sah, die Hände in den Rocktaschen, der Arbeit der Maschine zu.**

The traveler inclined his ear to the officer and watched the machine at work, his hands in his coat pockets.

Auch der Verurteilte sah ihr zu, aber ohne Verständnis.

The convict was also watching, but without understanding.

Er bückte sich ein wenig und verfolgte die schwankenden Nadeln, als ihm der Soldat, auf ein Zeichen des Offiziers, mit einem Messer hinten Hemd und Hose durchschnitt, so daß sie von dem Verurteilten abfielen;

He bent down a little and followed the swaying needles, when the soldier, at a sign from the officer, cut his shirt and trousers with a knife, so that they fell off the condemned man;

er wollte nach dem fallenden Zeug greifen, um seine Blöße zu bedecken, aber der Soldat hob ihn in die Höhe und schüttelte die letzten Fetzen von ihm ab.

he wanted to reach for the falling stuff to cover his nakedness, but the soldier lifted him up and shook the last shreds off him.

Der Offizier stellte die Maschine ein, und in der jetzt eintretenden Stille wurde der Verurteilte unter die Egge gelegt.

The officer stopped the machine, and in the silence that now ensued, the condemned man was placed under the harrow.

Die Ketten wurden gelöst und statt dessen die Riemen befestigt;

The chains were loosened and the straps fastened instead;

es schien für den Verurteilten im ersten Augenblick fast wie eine Erleichterung zu bedeuten.

at first it seemed almost like a relief for the condemned man.

4.8 Und nun senkte sich die Egge noch ein Stück tiefer,
And now the harrow sank a little lower,

4.9 denn es war ein magerer Mann.
for he was a lean man.

4.10 Als ihn die Spitzen berührten, ging ein Schauer
über seine Haut; er streckte, während der Soldat
mit seiner rechten Hand beschäftigt war, die linke
aus, ohne zu wissen wohin; es war aber die Richtung,
wo der Reisende stand.
When the spikes touched him, a shiver went over his skin;
while the soldier was busy with his right hand, he stretched
out his left without knowing where he was going, but it was
in the direction where the traveler was standing.

4.11 Der Offizier sah ununterbrochen den Reisenden von
der Seite an, als suche er von seinem Gesicht den
Eindruck abzulesen, den die Exekution, die er ihm
nun wenigstens oberflächlich erklärt hatte, auf ihn
mache.
The officer kept looking at the traveler from the side,
as if trying to read from his face the impression that
the execution, which he had now at least superficially
explained to him, was making on him.

5.1 Der Riemen, der für das Handgelenk bestimmt war,
riß;
The strap intended for the wrist broke;

5.2 wahrscheinlich hatte ihn der Soldat zu stark
angezogen.
the soldier had probably pulled it too tight.

Der Offizier sollte helfen, der Soldat zeigte ihm das abgerissene Riemenstück.

5.3

The officer was asked to help and the soldier showed him the torn piece of strap.

Der Offizier ging auch zu ihm hinüber und sagte,

5.4

The officer also went over to him and said,

das Gesicht dem Reisenden zugewendet:

5.5

turning his face towards the traveler:

»Die Maschine ist sehr zusammengesetzt,

5.6

"The machine is very well put together,

es muß hie und da etwas reißen oder brechen;

5.7

something is bound to tear or break here and there;

dadurch darf man sich aber im Gesamturteil nicht beirren lassen.

5.8

but you mustn't let that affect your overall judgment.

Für den Riemen ist übrigens sofort Ersatz geschafft; ich werde eine Kette verwenden; die Zartheit der Schwingung wird dadurch für den rechten Arm allerdings beeinträchtigt.«

5.9

Incidentally, a replacement for the belt has been found immediately; I will use a chain, although this will impair the delicacy of the vibration for the right arm."

Und während er die Ketten anlegte, sagte er noch:

5.10

And while he was putting on the chains, he said:

»Die Mittel zur Erhaltung der Maschine sind jetzt sehr eingeschränkt.

5.11

"The means for maintaining the machine are now very limited.

5.12 Unter dem früheren Kommandanten war eine
mir frei zugängliche Kassa nur für diesen Zweck
bestimmt.

Under the previous commander, a cash box that was freely
accessible to me was only intended for this purpose.

5.13 Es gab hier ein Magazin, in dem alle möglichen
Ersatzstücke aufbewahrt wurden.

There was a magazine here where all kinds of spare parts
were kept.

5.14 Ich gestehe, ich trieb damit fast Verschwendung, ich
meine früher, nicht jetzt, wie der neue Kommandant
behauptet, dem alles nur zum Vorwand dient, alte
Einrichtungen zu bekämpfen.

I confess I almost wasted it, I mean before, not now, as the
new commander claims, for whom everything is just a
pretext to fight old facilities.

5.15 Jetzt hat er die Maschinenkassa in eigener
Verwaltung, und schicke ich um einen neuen Riemen,
wird der zerrissene als Beweisstück verlangt, der
neue kommt erst in zehn Tagen, ist dann aber von
schlechterer Sorte und taugt nicht viel.

Now he has the machine cash register under his own
management, and if I send for a new belt, the torn one
is demanded as evidence, the new one won't arrive for
another ten days, but it will be of a worse kind and not
much good.

5.16 Wie ich aber in der Zwischenzeit ohne Riemen die
Maschine betreiben soll,

In the meantime,

5.17 darum kümmert sich niemand.«

nobody cares how I'm supposed to operate the machine
without a belt."

Der Reisende überlegte: 6.1

The traveler reflected:

Es ist immer bedenklich, in fremde Verhältnisse 6.2
entscheidend einzugreifen.

"It is always questionable to intervene decisively in other
people's affairs.

Er war weder Bürger der Strafkolonie, noch Bürger 6.3
des Staates, dem sie angehörte.

He was neither a citizen of the penal colony nor a citizen of
the state to which it belonged.

Wenn er die Exekution verurteilen oder gar 6.4
hintertreiben wollte,

If he wanted to condemn or even thwart the execution,

konnte man ihm sagen: Du bist ein Fremder, sei still. 6.5

he could be told: "You are a foreigner, keep quiet.

Darauf hätte er nichts erwidern, sondern nur 6.6
hinzufügen können, daß er sich in diesem Falle
selbst nicht begreife, denn er reise nur mit der
Absicht, zu sehen, und keineswegs etwa, um fremde
Gerichtsverfassungen zu ändern.

He could not have replied to this, but could only have added
that he did not understand himself in this case, for he
was only traveling with the intention of seeing, and by no
means to change foreign judicial constitutions.

Nun lagen aber hier die Dinge allerdings sehr 6.7
verführerisch.

But things were very tempting here.

Die Ungerechtigkeit des Verfahrens und die 6.8
Unmenschlichkeit der Exekution war zweifellos.

The injustice of the proceedings and the inhumanity of the
execution were beyond doubt.

6.9 Niemand konnte irgendeine Eigennützigkeit des Reisenden annehmen, denn der Verurteilte war ihm fremd, kein Landsmann und ein zum Mitleid gar nicht auffordernder Mensch.

No one could assume any selfishness on the part of the traveler, for the condemned man was a stranger to him, not a fellow countryman and a person who did not call for compassion.

6.10 Der Reisende selbst hatte Empfehlungen hoher Ämter, war hier mit großer Höflichkeit empfangen worden, und daß er zu dieser Exekution eingeladen worden war, schien sogar darauf hinzudeuten, daß man sein Urteil über dieses Gericht verlangte.

The traveler himself had recommendations from high offices, had been received here with great courtesy, and the fact that he had been invited to this execution even seemed to indicate that his judgment on this court was demanded.

6.11 Dies war aber um so wahrscheinlicher, als der Kommandant, wie er jetzt überdeutlich gehört hatte, kein Anhänger dieses Verfahrens war und sich gegenüber dem Offizier fast feindselig verhielt.

This was all the more probable, however, as the commandant, as he had now heard quite clearly, was not a supporter of this procedure and was almost hostile towards the officer.

7.1 Da hörte der Reisende einen Wutschrei des Offiziers.

Then the traveler heard a cry of rage from the officer.

Er hatte gerade, nicht ohne Mühe, dem Verurteilten den Filzstumpf in den Mund geschoben, als der Verurteilte in einem unwiderstehlichen Brechreiz die Augen schloß und sich erbrach.   7.2

He had just pushed the felt stump into the convict's mouth, not without difficulty, when the convict closed his eyes in an irresistible urge to vomit.

Eilig riß ihn der Offizier vom Stumpf in die Höhe und wollte den Kopf zur Grube hindrehen;   7.3

The officer hurriedly pulled him up from the stump and tried to turn his head towards the pit;

aber es war zu spät,   7.4

but it was too late,

der Unrat floß schon an der Maschine hinab.   7.5

the filth was already flowing down the machine.

»Alles Schuld des Kommandanten!«   7.6

"It's all the commander's fault!"

schrie der Offizier und rüttelte besinnungslos vorn an den Messingstangen,   7.7

shouted the officer, shaking the brass bars at the front in a daze,

»die Maschine wird mir verunreinigt wie ein Stall.«   7.8

"the machine is as filthy as a stable."

Er zeigte mit zitternden Händen dem Reisenden,   7.9

With trembling hands,

was geschehen war.   7.10

he showed the traveler what had happened.

7.11 »Habe ich nicht stundenlang dem Kommandanten begreiflich zu machen gesucht, daß einen Tag vor der Exekution kein Essen mehr verabfolgt werden soll.
"Didn't I spend hours trying to make the commandant understand that no more food was to be served the day before the execution.

7.12 Aber die neue milde Richtung ist anderer Meinung.
But the new mild direction is of a different opinion.

7.13 Die Damen des Kommandanten stopfen dem Mann, ehe er abgeführt wird, den Hals mit Zuckersachen voll.
The commandant's ladies stuff the man's throat with sugar before he is taken away.

7.14 Sein ganzes Leben hat er sich von stinkenden Fischen genährt und muß jetzt Zuckersachen essen!
He has lived on stinking fish all his life and now he has to eat sugar!

7.15 Aber es wäre ja möglich, ich würde nichts einwenden, aber warum schafft man nicht einen neuen Filz an, wie ich ihn seit einem Vierteljahr erbitte.
But it would be possible, I wouldn't object, but why don't they make a new felt, as I've been asking for a quarter of a year.

7.16 Wie kann man ohne Ekel diesen Filz in den Mund nehmen,
How can one without disgust put this felt in one's mouth,

7.17 an dem mehr als hundert Männer im Sterben gesaugt und gebissen haben?«
on which more than a hundred men have sucked and bitten while dying?"

Der Verurteilte hatte den Kopf niedergelegt und sah
friedlich aus, der Soldat war damit beschäftigt, mit
dem Hemd des Verurteilten die Maschine zu putzen.

8.1

The condemned man had his head down and looked
peaceful, the soldier was busy cleaning the machine with
the condemned man's shirt.

Der Offizier ging zum Reisenden, der in irgendeiner
Ahnung einen Schritt zurücktrat, aber der Offizier
faßte ihn bei der Hand und zog ihn zur Seite.

8.2

The officer walked up to the traveler, who took a step back
in some foreboding, but the officer grabbed him by the
hand and pulled him aside.

»Ich will einige Worte im Vertrauen mit Ihnen
sprechen«, sagte er, »ich darf das doch?«

8.3

"I want to speak a few words to you in confidence," he said,
"may I?"

»Gewiß«, sagte der Reisende und hörte mit gesenkten
Augen zu.

8.4

"Certainly," said the traveler, and listened with lowered
eyes.

»Dieses Verfahren und diese Hinrichtung, die
Sie jetzt zu bewundern Gelegenheit haben, hat
gegenwärtig in unserer Kolonie keinen offenen
Anhänger mehr.

9.1

"This procedure and this execution, which you now
have the opportunity to admire, no longer has any open
supporters in our colony.

Ich bin ihr einziger Vertreter,

9.2

I am its only representative,

9.3 gleichzeitig der einzige Vertreter des Erbes des alten Kommandanten.

and at the same time the only representative of the old commander's legacy.

9.4 An einen weiteren Ausbau des Verfahrens kann ich nicht mehr denken, ich verbrauche alle meine Kräfte, um zu erhalten, was vorhanden ist.

I can no longer think of any further expansion of the process; I am using all my strength to preserve what is there.

9.5 Als der alte Kommandant lebte,

When the old commander was alive,

9.6 war die Kolonie von seinen Anhängern voll;

the colony was full of his followers;

9.7 die Überzeugungskraft des alten Kommandanten habe ich zum Teil,

I have some of the old commander's power of persuasion,

9.8 aber seine Macht fehlt mir ganz;

but I lack all of his power;

9.9 infolgedessen haben sich die Anhänger verkrochen, es gibt noch viele, aber keiner gesteht es ein.

as a result, the followers have gone into hiding, there are still many, but no one admits it.

9.10 Wenn Sie heute, also an einem Hinrichtungstag, ins Teehaus gehen und herumhorchen, werden Sie vielleicht nur zweideutige Äußerungen hören.

If you go to the teahouse today, on an execution day, and listen around, you may only hear ambiguous remarks.

Das sind lauter Anhänger, aber unter dem gegenwärtigen Kommandanten und bei seinen gegenwärtigen Anschauungen für mich ganz unbrauchbar.

9.11

These are all supporters, but under the present commander and with his present views, they are quite useless to me.

Und nun frage ich Sie:

9.12

And now I ask you:

Soll wegen dieses Kommandanten und seiner Frauen, die ihn beeinflussen, ein solches Lebenswerk«

9.13

should such a life's work"

– er zeigte auf die Maschine –

9.14

– he pointed to the machine –

»zugrunde gehen?

9.15

"perish because of this commander and the women who influence him?

Darf man das zulassen?

9.16

Can you allow that to happen?

Selbst wenn man nur als Fremder ein paar Tage auf unserer Insel ist?

9.17

Even if you are only a stranger on our island for a few days?

Es ist aber keine Zeit zu verlieren,

9.18

But there is no time to lose,

man bereitet schon etwas gegen meine Gerichtsbarkeit vor;

9.19

they are already preparing something against my jurisdiction;

9.20 **es finden schon Beratungen in der Kommandantur statt, zu denen ich nicht zugezogen werde;**
there are already consultations in the commandant's office to which I am not invited;

9.21 **sogar Ihr heutiger Besuch scheint mir für die ganze Lage bezeichnend;**
even your visit today seems to me to be indicative of the whole situation;

9.22 **man ist feig und schickt Sie, einen Fremden, vor.**
they are cowardly and send you, a stranger, before them.

9.23 **– Wie war die Exekution anders in früherer Zeit!**
– How different the execution was in earlier times!

9.24 **Schon einen Tag vor der Hinrichtung war das ganze Tal von Menschen überfüllt;**
The day before the execution the whole valley was crowded with people;

9.25 **alle kamen nur um zu sehen;**
everyone came just to see;

9.26 **früh am Morgen erschien der Kommandant mit seinen Damen;**
early in the morning the commandant appeared with his ladies;

9.27 **Fanfaren weckten den ganzen Lagerplatz;**
fanfares woke up the whole camp;

9.28 **ich erstattete die Meldung, daß alles vorbereitet sei;**
I reported that everything was ready;

9.29 **die Gesellschaft – kein hoher Beamte durfte fehlen –**
the company – no high official was allowed to be absent –

ordnete sich um die Maschine; 9.30
arranged themselves around the machine;

dieser Haufen Rohrsessel ist ein armseliges 9.31
Überbleibsel aus jener Zeit.
this pile of cane chairs is a poor remnant of those times.

Die Maschine glänzte frisch geputzt, 9.32
The machine was shiny and freshly cleaned,

fast zu jeder Exekution nahm ich neue Ersatzstücke. 9.33
and I took new replacements for almost every execution.

Vor Hunderten Augen – 9.34
In front of hundreds of eyes –

alle Zuschauer standen auf den Fußspitzen bis dort zu 9.35
den Anhöhen –
all the spectators stood on tiptoe up to the heights –

wurde der Verurteilte vom Kommandanten selbst 9.36
unter die Egge gelegt.
the condemned man was placed under the harrow by the
commander himself.

Was heute ein gemeiner Soldat tun darf, war damals 9.37
meine, des Gerichtspräsidenten, Arbeit und ehrte
mich.
What a common soldier is allowed to do today was then my,
the court president's, work and honored me.

Und nun begann die Exekution! 9.38
And now the execution began!

Kein Mißton störte die Arbeit der Maschine. 9.39
No sound disturbed the work of the machine.

9.40 Manche sahen nun gar nicht mehr zu,
Some no longer watched,

9.41 sondern lagen mit geschlossenen Augen im Sand; alle
wußten:
but lay in the sand with their eyes closed; everyone knew:

9.42 jetzt geschieht Gerechtigkeit.
now justice was being done.

9.43 In der Stille hörte man nur das Seufzen des
Verurteilten,
In the silence you could only hear the sighs of the
condemned,

9.44 gedämpft durch den Filz.
muffled by the felt.

9.45 Heute gelingt es der Maschine nicht mehr, dem
Verurteilten ein stärkeres Seufzen auszupressen,
als der Filz noch ersticken kann;
Today, the machine is no longer able to squeeze out a
stronger groan from the condemned man than the felt
can stifle;

9.46 damals aber tropften die schreibenden Nadeln
eine beizende Flüssigkeit aus, die heute nicht mehr
verwendet werden darf.
back then, however, the writing needles dripped out a
staining liquid that can no longer be used today.

9.47 Nun, und dann kam die sechste Stunde!
Well, and then came the sixth hour!

Es war unmöglich, allen die Bitte, aus der Nähe 9.48
zuschauen zu dürfen, zu gewähren.

It was impossible to grant everyone's request to watch from
up close.

Der Kommandant in seiner Einsicht ordnete an, daß 9.49
vor allem die Kinder berücksichtigt werden sollten;

The commandant, in his insight, ordered that the children
in particular should be considered;

ich allerdings durfte kraft meines Berufes immer 9.50
dabeistehen;

I, however, by virtue of my profession, was always allowed
to stand by;

oft hockte ich dort, 9.51

often I squatted there,

zwei kleine Kinder rechts und links in meinen 9.52
Armen.

two small children on my right and left in my arms.

Wie nahmen wir alle den Ausdruck der Verklärung 9.53
von dem gemarterten Gesicht,

How we all took the expression of transfiguration from the
martyred face,

wie hielten wir unsere Wangen in den Schein 9.54
dieser endlich erreichten und schon vergehenden
Gerechtigkeit!

how we held our cheeks in the glow of this finally achieved
and already passing justice!

Was für Zeiten, mein Kamerad!« 9.55

What times, my comrade!"

9.56 Der Offizier hatte offenbar vergessen, wer vor ihm stand;

The officer had evidently forgotten who stood before him;

9.57 er hatte den Reisenden umarmt und den Kopf auf seine Schulter gelegt.

he had embraced the traveler and laid his head on his shoulder.

9.58 Der Reisende war in großer Verlegenheit, ungeduldig sah er über den Offizier hinweg.

The traveler was very embarrassed and impatiently looked over the officer.

9.59 Der Soldat hatte die Reinigungsarbeit beendet und jetzt noch aus einer Büchse Reisbrei in den Napf geschüttet.

The soldier had finished cleaning and had now poured rice porridge from a tin into the bowl.

9.60 Kaum merkte dies der Verurteilte, der sich schon vollständig erholt zu haben schien, als er mit der Zunge nach dem Brei zu schnappen begann.

The condemned man, who seemed to have fully recovered, hardly noticed this when he began snapping at the porridge with his tongue.

9.61 Der Soldat stieß ihn immer wieder weg, denn der Brei war wohl für eine spätere Zeit bestimmt, aber ungehörig war es jedenfalls auch, daß der Soldat mit seinen schmutzigen Händen hineingriff und vor dem gierigen Verurteilten davon aß.

The soldier pushed him away again and again, for the porridge was probably intended for a later time, but it was also unseemly for the soldier to reach in with his dirty hands and eat it in front of the greedy condemned man.

Kapitel 3

Chapter 3

1.1 Der Offizier faßte sich schnell.

The officer quickly composed himself.

1.2 »Ich wollte Sie nicht etwa rühren«, sagte er, »ich weiß, es ist unmöglich, jene Zeiten heute begreiflich zu machen.

"I didn't mean to upset you," he said, "I know it's impossible to make those times comprehensible today.

1.3 Im übrigen arbeitet die Maschine noch und wirkt für sich.

For the rest, the machine still works and works for itself.

1.4 Sie wirkt für sich, auch wenn sie allein in diesem Tal steht.

It works for itself, even when it stands alone in this valley.

1.5 Und die Leiche fällt zum Schluß noch immer in dem unbegreiflich sanften Flug in die Grube, auch wenn nicht, wie damals, Hunderte wie Fliegen um die Grube sich versammeln.

And the body still falls into the pit at the end in that incomprehensibly gentle flight, even if hundreds don't gather around it like flies, as they did back then.

Damals mußten wir ein starkes Geländer um die Grube anbringen,

1.6

At that time we had to put a strong railing around the pit,

es ist längst weggerissen.«

1.7

it has long since been torn away."

Der Reisende wollte sein Gesicht dem Offizier entziehen und blickte ziellos herum.

2.1

The traveler wanted to withdraw his face from the officer and looked around aimlessly.

Der Offizier glaubte, er betrachte die Öde des Tales; er ergriff deshalb seine Hände, drehte sich um ihn, um seine Blicke zu erfassen, und fragte:

2.2

The officer thought he was looking at the desolation of the valley, so he grabbed his hands, turned around to catch his eyes and asked:

»Merken Sie die Schande?«

2.3

"Do you notice the shame?"

Aber der Reisende schwieg.

3.1

But the traveler remained silent.

Der Offizier ließ für ein Weilchen von ihm ab;

3.2

The officer let go of him for a moment;

mit auseinandergestellten Beinen, die Hände in den Hüften, stand er still und blickte zu Boden.

3.3

with his legs apart and his hands on his hips, he stood still and looked at the ground.

Dann lächelte er dem Reisenden aufmunternd zu und sagte:

3.4

Then he smiled encouragingly at the traveler and said:

3.5 »Ich war gestern in Ihrer Nähe, als der Kommandant
Sie einlud.

"I was near you yesterday when the commander invited
you.

3.6 Ich hörte die Einladung. Ich kenne den
Kommandanten.

I heard the invitation. I know the commander.

3.7 Ich verstand sofort, was er mit der Einladung
bezweckte.

I immediately understood what he meant by the invitation.

3.8 Trotzdem seine Macht groß genug wäre, um
gegen mich einzuschreiten, wagt er es noch nicht,
wohl aber will er mich Ihrem, dem Urteil eines
angesehenen Fremden aussetzen.

Although his power would be great enough to intervene
against me, he does not yet dare to do so, but he does want
to expose me to your judgment, the judgment of a respected
stranger.

3.9 Seine Berechnung ist sorgfältig;

His calculation is careful;

3.10 Sie sind den zweiten Tag auf der Insel,

you are on the island for the second day,

3.11 Sie kannten den alten Kommandanten und seinen
Gedankenkreis nicht,

you did not know the old commander and his circle of
thought,

3.12 Sie sind in europäischen Anschauungen befangen,

you are biased in European views,

63

vielleicht sind Sie ein grundsätzlicher Gegner der
Todesstrafe im allgemeinen und einer derartigen
maschinellen Hinrichtungsart im besonderen,

3.13

perhaps you are a fundamental opponent of the death
penalty in general and of such a mechanical method of
execution in particular,

Sie sehen überdies,

3.14

moreover,

wie die Hinrichtung ohne öffentliche Anteilnahme,

3.15

you see how the execution is carried out without public
sympathy,

traurig,

3.16

sadly,

auf einer bereits etwas beschädigten Maschine vor
sich geht –

3.17

on a machine that is already somewhat damaged –

wäre es nun, alles dieses zusammengenommen (so
denkt der Kommandant), nicht sehr leicht möglich,
daß Sie mein Verfahren nicht für richtig halten?

3.18

would it not now, all this taken together (so the
commander thinks), be very easily possible that you do
not consider my procedure to be correct?

Und wenn Sie es nicht für richtig halten, werden
Sie dies (ich rede noch immer im Sinne des
Kommandanten) nicht verschweigen, denn
Sie vertrauen doch gewiß Ihren vielerprobten
Überzeugungen.

3.19

And if you do not think it is right, you will not conceal it
(I am still speaking for the commander), for you certainly
trust your well-tried convictions.

3.20 Sie haben allerdings viele Eigentümlichkeiten vieler Völker gesehen und achten gelernt, Sie werden daher wahrscheinlich sich nicht mit ganzer Kraft, wie Sie es vielleicht in Ihrer Heimat tun würden, gegen das Verfahren aussprechen.

However, you have seen and learned to respect many peculiarities of many peoples, so you will probably not speak out against the procedure with all your might, as you might do in your home country.

3.21 Aber dessen bedarf der Kommandant gar nicht. Ein flüchtiges,

But the commander has no need of that. A fleeting,

3.22 ein bloß unvorsichtiges Wort genügt.

a merely careless word will suffice.

3.23 Es muß gar nicht Ihrer Überzeugung entsprechen, wenn es nur scheinbar seinem Wunsche entgegenkommt.

It need not be in accordance with your convictions if it only appears to be in accordance with his wishes.

3.24 Daß er Sie mit aller Schlauheit ausfragen wird, dessen bin ich gewiß.

I am sure that he will question you cunningly.

3.25 Und seine Damen werden im Kreis herumsitzen und die Ohren spitzen;

And his ladies will sit around in a circle and prick up their ears;

3.26 Sie werden etwa sagen:

they will say, for example:

3.27 ›Bei uns ist das Gerichtsverfahren ein anderes‹, oder

'With us, the court procedure is different', or

›Bei uns wird der Angeklagte vor dem Urteil verhört‹, oder

3.28

'With us, the accused is interrogated before the verdict', or

›Bei uns gab es Folterungen nur im Mittelalter‹.

3.29

'With us, torture only existed in the Middle Ages'.

Das alles sind Bemerkungen, die ebenso richtig sind, als sie Ihnen selbstverständlich erscheinen, unschuldige Bemerkungen, die mein Verfahren nicht antasten.

3.30

These are all remarks that are just as true as they seem self-evident to you, innocent remarks that do not impugn my procedure.

Aber wie wird sie der Kommandant aufnehmen?

3.31

But how will the commandant take them?

Ich sehe ihn, den guten Kommandanten, wie er sofort den Stuhl beiseite schiebt und auf den Balkon eilt, ich sehe seine Damen, wie sie ihm nachströmen, ich höre seine Stimme – die Damen nennen sie eine Donnerstimme - , nun, und er spricht:

3.32

I see him, the good commandant, immediately pushing the chair aside and hurrying to the balcony, I see his ladies streaming after him, I hear his voice - the ladies call it a voice of thunder - well, and he speaks:

›Ein großer Forscher des Abendlandes, dazu bestimmt, das Gerichtsverfahren in allen Ländern zu überprüfen, hat eben gesagt, daß unser Verfahren nach altem Brauch ein unmenschliches ist.

3.33

'A great Western scholar, destined to review the judicial procedure in all countries, has just said that our procedure is inhuman according to ancient custom.

3.34 Nach diesem Urteil einer solchen Persönlichkeit ist es mir natürlich nicht mehr möglich,

After this judgment of such a personality,

3.35 dieses Verfahren zu dulden.

it is of course no longer possible for me to tolerate this procedure.

3.36 Mit dem heutigen Tage also ordne ich an – und so weiter.‹

So as of today, I order – and so on.‹

3.37 Sie wollen eingreifen, Sie haben nicht das gesagt, was er verkündet, Sie haben mein Verfahren nicht unmenschlich genannt, im Gegenteil, Ihrer tiefen Einsicht entsprechend, halten Sie es für das menschlichste und menschenwürdigste, Sie bewundern auch diese Maschinerie –

You want to intervene, you have not said what he says, you have not called my procedure inhuman, on the contrary, according to your deep insight, you consider it the most humane and dignified, you also admire this machinery –

3.38 aber es ist zu spät; Sie kommen gar nicht auf den Balkon,

but it is too late; you do not even come to the balcony,

3.39 der schon voll Damen ist;

which is already full of ladies;

3.40 Sie wollen sich bemerkbar machen; Sie wollen schreien;

you want to make yourself heard; you want to shout;

3.41 aber eine Damenhand hält Ihnen den Mund zu –

but a lady's hand shuts your mouth –

und ich und das Werk des alten Kommandanten sind
verloren.«

3.42

and I and the work of the old commandant are lost."

Der Reisende mußte ein Lächeln unterdrücken;

4.1

The traveler had to suppress a smile;

so leicht war also die Aufgabe, die er für so schwer
gehalten hatte.

4.2

so easy was the task he had thought so difficult.

Er sagte ausweichend: »Sie überschätzen meinen
Einfluß;

4.3

He said evasively: "You overestimate my influence;

der Kommandant hat mein Empfehlungsschreiben
gelesen, er weiß, daß ich kein Kenner der
gerichtlichen Verfahren bin.

4.4

the commandant has read my letter of recommendation, he
knows that I am no expert in judicial proceedings.

Wenn ich eine Meinung aussprechen würde, so wäre
es die Meinung eines Privatmannes, um nichts
bedeutender als die Meinung eines beliebigen
anderen, und jedenfalls viel bedeutungsloser als
die Meinung des Kommandanten, der in dieser
Strafkolonie, wie ich zu wissen glaube, sehr
ausgedehnte Rechte hat.

4.5

If I were to express an opinion, it would be the opinion of
a private citizen, no more important than the opinion of
any other, and in any case much less important than the
opinion of the commandant, who, as I believe I know, has
very extensive rights in this penal colony.

4.6 Ist seine Meinung über dieses Verfahren eine so bestimmte, wie Sie glauben, dann, fürchte ich, ist allerdings das Ende dieses Verfahrens gekommen, ohne daß es meiner bescheidenen Mithilfe bedürfte.«

If his opinion of these proceedings is as definite as you think it is, then I fear the end of these proceedings has come without my humble assistance."

5.1 Begriff es schon der Offizier? Nein, er begriff noch nicht.

Did the officer realize it yet? No, he didn't understand yet.

5.2 Er schüttelte lebhaft den Kopf, sah kurz nach dem Verurteilten und dem Soldaten zurück, die zusammenzuckten und vom Reis abließen, ging ganz nahe an den Reisenden heran, blickte ihm nicht ins Gesicht, sondern irgendwohin auf seinen Rock und sagte leiser als früher:

He shook his head briskly, looked back briefly at the condemned man and the soldier, who flinched and turned away from the rice, walked very close to the traveler, looked not at his face but somewhere on his skirt, and said more quietly than before:

5.3 »Sie kennen den Kommandanten nicht;

"You don't know the commandant;

5.4 Sie stehen ihm und uns allen – verzeihen Sie den Ausdruck –

you are – forgive the expression –

5.5 gewissermaßen harmlos gegenüber;

in a sense harmless to him and to all of us;

5.6 Ihr Einfluß, glauben Sie mir, kann nicht hoch genug eingeschätzt werden.

your influence, believe me, cannot be overestimated.

Ich war ja glückselig, als ich hörte, daß Sie allein der Exekution beiwohnen sollten.

5.7

I was happy when I heard that you were to attend the execution alone.

Diese Anordnung des Kommandanten sollte mich treffen,

5.8

This order of the commandant was to affect me,

nun aber wende ich sie zu meinen Gunsten.

5.9

but now I turn it in my favor.

Unabgelenkt von falschen Einflüsterungen und verächtlichen Blicken –

5.10

Undistracted by false whispers and contemptuous glances –

wie sie bei größerer Teilnahme an der Exekution nicht hätten vermieden werden können –

5.11

which could not have been avoided if you had been more present at the execution –

haben Sie meine Erklärungen angehört, die Maschine gesehen und sind nun im Begriffe, die Exekution zu besichtigen.

5.12

you have listened to my explanations, seen the machine and are now about to inspect the execution.

Ihr Urteil steht gewiß schon fest;

5.13

Your judgment has certainly already been made;

sollten noch kleine Unsicherheiten bestehen,

5.14

if there are still small uncertainties,

so wird sie der Anblick der Exekution beseitigen.

5.15

the sight of the execution will dispel them.

5.16 Und nun stelle ich an Sie die Bitte: helfen Sie mir
gegenüber dem Kommandanten!«

And now I ask you to help me with the commander!"

6.1 Der Reisende ließ ihn nicht weiterreden.

The traveler didn't let him continue.

6.2 »Wie könnte ich denn das«, rief er aus, »das ist ganz
unmöglich.

"How could I," he exclaimed, "that's quite impossible.

6.3 Ich kann Ihnen ebensowenig nützen, als ich Ihnen
schaden kann.«

I can't do you any more good than I can do you any harm."

7.1 »Sie können es,« sagte der Offizier.

"You can do it," said the officer.

7.2 Mit einiger Befürchtung sah der Reisende, daß der
Offizier die Fäuste ballte.

The traveler saw with some apprehension that the officer
was clenching his fists.

7.3 »Sie können es,« wiederholte der Offizier noch
dringender.

"You can do it," the officer repeated more urgently.

7.4 »Ich habe einen Plan, der gelingen muß.

"I have a plan that must succeed.

7.5 Sie glauben, Ihr Einfluß genüge nicht.

You think your influence is not enough.

7.6 Ich weiß, daß er genügt.

I know that it is enough.

Aber zugestanden, daß Sie recht haben, ist es dann nicht notwendig, zur Erhaltung dieses Verfahrens alles, selbst das möglicherweise Unzureichende zu versuchen?

7.7

But conceding that you are right, is it not then necessary to try everything, even the possibly inadequate, to preserve this process?

Hören Sie also meinen Plan.

7.8

So listen to my plan.

Zu seiner Ausführung ist es vor allem nötig,

7.9

In order to carry it out,

daß Sie heute in der Kolonie mit Ihrem Urteil über das Verfahren möglichst zurückhalten.

7.10

it is above all necessary that you withhold your judgment on the procedure in the colony today.

Wenn man Sie nicht geradezu fragt,

7.11

If you are not asked outright,

dürfen Sie sich keinesfalls äußern;

7.12

you must not speak at all;

Ihre Äußerungen aber müssen kurz und unbestimmt sein;

7.13

but your remarks must be brief and indefinite;

man soll merken, daß es Ihnen schwer wird, darüber zu sprechen, daß Sie verbittert sind, daß Sie, falls Sie offen reden sollten, geradezu in Verwünschungen ausbrechen müßten.

7.14

one should realize that it is difficult for you to speak about it, that you are bitter, that if you were to speak openly, you would almost have to burst into imprecations.

7.15 **Ich verlange nicht, daß Sie lügen sollen; keineswegs;**
I am not asking you to lie; not at all;

7.16 **Sie sollen nur kurz antworten, etwa:**
you should only answer briefly, for example:

7.17 **›Ja, ich habe die Exekution gesehen‹, oder ›Ja,**
'Yes, I saw the execution', or 'Yes,

7.18 **ich habe alle Erklärungen gehört‹. Nur das, nichts weiter.**
I heard all the explanations'. Just that, nothing more.

7.19 **Für die Verbitterung, die man Ihnen anmerken soll, ist ja genügend Anlaß, wenn auch nicht im Sinne des Kommandanten.**
There is enough reason for the bitterness that you are supposed to show, even if not in the commander's mind.

7.20 **Er natürlich wird es vollständig mißverstehen und in seinem Sinne deuten.**
He will, of course, misunderstand it completely and interpret it in his own way.

7.21 **Darauf gründet sich mein Plan.**
That is the basis of my plan.

7.22 **Morgen findet in der Kommandantur unter dem Vorsitz des Kommandanten eine große Sitzung aller höheren Verwaltungsbeamten statt.**
Tomorrow there will be a large meeting of all the higher administrative officials in the commandant's office, chaired by the commander.

7.23 **Der Kommandant hat es natürlich verstanden,**
Of course,

73

aus solchen Sitzungen eine Schaustellung zu machen.   7.24
the commandant knows how to turn such meetings into a show.

Es wurde eine Galerie gebaut, die mit Zuschauern immer besetzt ist.   7.25
A gallery has been built which is always full of spectators.

Ich bin gezwungen, an den Beratungen teilzunehmen, aber der Widerwille schüttelt mich.   7.26
I am forced to take part in the deliberations, but I am shaken with reluctance.

Nun werden Sie gewiß auf jeden Fall zu der Sitzung eingeladen werden;   7.27
Now you will certainly be invited to the meeting;

wenn Sie sich heute meinem Plane gemäß verhalten,   7.28
if you behave according to my plan today,

wird die Einladung zu einer dringenden Bitte werden.   7.29
the invitation will become an urgent request.

Sollten Sie aber aus irgendeinem unerfindlichen Grunde doch nicht eingeladen werden, so müßten Sie allerdings die Einladung verlangen;   7.30
But if, for some unknown reason, you are not invited, you will have to ask for the invitation;

daß Sie sie dann erhalten, ist zweifellos.   7.31
there is no doubt that you will receive it.

Nun sitzen Sie also morgen mit den Damen in der Loge des Kommandanten.   7.32
So tomorrow you will be sitting with the ladies in the Commandant's box.

7.33 **Er versichert sich öfters durch Blicke nach oben, daß Sie da sind.**

He will often look up to make sure that you are there.

7.34 **Nach verschiedenen gleichgültigen, lächerlichen, nur für die Zuhörer berechneten Verhandlungsgegenständen –**

After various indifferent, ridiculous subjects of negotiation calculated only for the audience –

7.35 **meistens sind es Hafenbauten, immer wieder Hafenbauten!**

mostly harbor buildings, always harbor buildings!

7.36 **– kommt auch das Gerichtsverfahren zur Sprache.**

– the court proceedings also come up.

7.37 **Sollte es von seiten des Kommandanten nicht oder nicht bald genug geschehen, so werde ich dafür sorgen, daß es geschieht.**

If the commander doesn't do it, or doesn't do it soon enough, I will see to it that it happens.

7.38 **Ich werde aufstehen und die Meldung von der heutigen Exekution erstatten.**

I will stand up and report today's execution.

7.39 **Ganz kurz, nur diese Meldung.**

Very briefly, just this report.

7.40 **Eine solche Meldung ist zwar dort nicht üblich,**

Such a report is not customary there,

7.41 **aber ich tue es doch.**

but I'll do it anyway.

Der Kommandant dankt mir, wie immer, mit   7.42
freundlichem Lächeln, und nun, er kann sich nicht
zurückhalten, erfaßt er die gute Gelegenheit.

The commander thanks me, as always, with a friendly
smile, and now, unable to restrain himself, he seizes the
good opportunity.

›Es wurde eben‹, so oder ähnlich wird er sprechen,   7.43
›die Meldung von der Exekution erstattet.

'It has just been reported,' he will say, 'that the execution
has been carried out.

Ich möchte dieser Meldung nur hinzufügen,   7.44
daß gerade dieser Exekution der große Forscher
beigewohnt hat, von dessen unsere Kolonie so
außerordentlich ehrendem Besuch Sie alle wissen.

I would only like to add that this execution was attended by
the great explorer whose visit to our colony you all know
was so extremely honorable.

Auch unsere heutige Sitzung ist durch seine   7.45
Anwesenheit in ihrer Bedeutung erhöht.

The importance of our meeting today is also enhanced by
his presence.

Wollen wir nun nicht an diesen großen Forscher   7.46
die Frage richten, wie er die Exekution nach altem
Brauch und das Verfahren, das ihr vorausgeht,
beurteilt?‹

Shall we not now ask this great explorer what he thinks
of the execution according to the old custom and the
procedure that precedes it?‹

Natürlich überall Beifallklatschen, allgemeine   7.47
Zustimmung, ich bin der Lauteste.

Of course, applause everywhere, general approval, I am the
loudest.

7.48 Der Kommandant verbeugt sich vor Ihnen und sagt:

The commandant bows to you and says:

7.49 ›Dann stelle ich im Namen aller die Frage.‹

'Then I'll ask the question on behalf of everyone.'

7.50 Und nun treten Sie an die Brüstung.

And now step up to the parapet.

7.51 Legen Sie die Hände für alle sichtbar hin,

Put your hands down for all to see,

7.52 sonst fassen sie die Damen und spielen mit den Fingern.

otherwise the ladies will grab them and play with their fingers.

7.53 – Und jetzt kommt endlich Ihr Wort.

– And now it's finally your turn to speak.

7.54 Ich weiß nicht, wie ich die Spannung der Stunden bis dahin ertragen werde.

I don't know how I will bear the tension of the hours until then.

7.55 In Ihrer Rede müssen Sie sich keine Schranken setzen, machen Sie mit der Wahrheit Lärm, beugen Sie sich über die Brüstung, brüllen Sie, aber ja, brüllen Sie dem Kommandanten Ihre Meinung, Ihre unerschütterliche Meinung zu.

You don't have to set yourself any limits in your speech, make a noise with the truth, lean over the parapet, shout, but yes, shout your opinion, your unshakeable opinion to the commander.

Aber vielleicht wollen Sie das nicht, es entspricht 7.56
nicht Ihrem Charakter, in Ihrer Heimat verhält man
sich vielleicht in solchen Lagen anders, auch das ist
richtig, auch das genügt vollkommen, stehen Sie gar
nicht auf, sagen Sie nur ein paar Worte, flüstern Sie
sie, daß sie gerade noch die Beamten unter Ihnen
hören, es genügt, Sie müssen gar nicht selbst von
der mangelnden Teilnahme an der Exekution, von
dem kreischenden Rad, dem zerrissenen Riemen,
dem widerlichen Filz reden, nein, alles Weitere
übernehme ich, und, glauben Sie, wenn meine Rede
ihn nicht aus dem Saale jagt, so wird sie ihn auf die
Knie zwingen, daß er bekennen muß:

But perhaps you don't want to, it doesn't suit your
character, in your home country people might behave
differently in such situations, that's right too, that's quite
enough, don't stand up at all, just say a few words, whisper
them so that the officers below you can just hear them,
It's enough, you don't have to talk yourself about the lack
of participation in the execution, about the screeching
wheel, the torn belt, the disgusting felt, no, I'll take care of
everything else, and, believe me, if my speech doesn't chase
him out of the hall, it will bring him to his knees so that he
has to confess:

Alter Kommandant, vor dir beuge ich mich. – Das ist 7.57
mein Plan;

Old commander, I bow to you. – That is my plan;

wollen Sie mir zu seiner Ausführung helfen? 7.58

will you help me to carry it out?

Aber natürlich wollen Sie, mehr als das, Sie müssen.« 7.59

But of course you want to, more than that, you must."

7.60 Und der Offizier faßte den Reisenden an beiden
Armen und sah ihm schwer atmend ins Gesicht.
And the officer grasped the traveler by both arms and
looked him in the face, breathing heavily.

7.61 Die letzten Sätze hatte er so geschrien, daß selbst der
Soldat und der Verurteilte aufmerksam geworden
waren; trotzdem sie nichts verstehen konnten,
hielten sie doch im Essen inne und sahen kauend
zum Reisenden hinüber.
He had shouted the last sentences in such a way that even
the soldier and the condemned man had taken notice.

8.1 Die Antwort, die er zu geben hatte, war für den
Reisenden von allem Anfang an zweifellos;
The answer that he had to give was clear to the traveler
from the very beginning;

8.2 er hatte in seinem Leben zu viel erfahren, als daß er
hier hätte schwanken können;
he had experienced too much in his life to waver here;

8.3 er war im Grunde ehrlich und hatte keine Furcht.
he was basically honest and had no fear.

8.4 Trotzdem zögerte er jetzt im Anblick des Soldaten
und des Verurteilten einen Atemzug lang.
Nevertheless, he now hesitated for a breath at the sight of
the soldier and the condemned man.

8.5 Schließlich aber sagte er, wie er mußte: »Nein.«
Finally, however, he said, as he had to, "No."

8.6 Der Offizier blinzelte mehrmals mit den Augen,
The officer blinked his eyes several times,

ließ aber keinen Blick von ihm. 8.7
but did not take his eyes off him.

»Wollen Sie eine Erklärung?« fragte der Reisende. 8.8
"Do you want an explanation?" asked the traveler.

Der Offizier nickte stumm. 8.9
The officer nodded mutely.

»Ich bin ein Gegner dieses Verfahrens«, sagte nun der 8.10
Reisende, »noch ehe Sie mich ins Vertrauen zogen –
dieses Vertrauen werde ich natürlich unter keinen
Umständen mißbrauchen - , habe ich schon überlegt,
ob ich berechtigt wäre, gegen dieses Verfahren
einzuschreiten, und ob mein Einschreiten auch nur
eine kleine Aussicht auf Erfolg haben könnte.
"I am an opponent of this procedure," said the traveler,
"even before you took me into your confidence - and
of course I will not abuse that confidence under any
circumstances - I had already considered whether I
would be entitled to intervene against this procedure, and
whether my intervention could have even a small chance of
success.

An wen ich mich dabei zuerst wenden müßte, war 8.11
mir klar:
It was clear to me who I would have to turn to first:

an den Kommandanten natürlich. 8.12
the commandant, of course.

8.13 Sie haben es mir noch klarer gemacht, ohne aber etwa meinen Entschluß erst befestigt zu haben, im Gegenteil, Ihre ehrliche Überzeugung geht mir nahe, wenn sie mich auch nicht beirren kann.«

You have made it even clearer to me, but without having strengthened my resolve; on the contrary, your honest conviction is close to my heart, even if it cannot deter me."

9.1 Der Offizier blieb stumm, wendete sich der Maschine zu, faßte eine der Messingstangen und sah dann, ein wenig zurückgebeugt, zum Zeichner hinauf, als prüfe er, ob alles in Ordnung sei.

The officer remained silent, turned to the machine, took hold of one of the brass rods and then, leaning back a little, looked up at the draughtsman as if checking that everything was in order.

9.2 Der Soldat und der Verurteilte schienen sich miteinander befreundet zu haben;

The soldier and the condemned man seemed to have made friends;

9.3 der Verurteilte machte, so schwierig dies bei der festen Einschnallung durchzuführen war, dem Soldaten Zeichen;

the condemned man made signs to the soldier, difficult as this was to do with the tight harness;

9.4 der Soldat beugte sich zu ihm;

the soldier leaned towards him;

9.5 der Verurteilte flüsterte ihm etwas zu,

the condemned man whispered something to him,

9.6 und der Soldat nickte.

and the soldier nodded.

Der Reisende ging dem Offizier nach und sagte:
9.7
The traveler went after the officer and said:

»Sie wissen noch nicht, was ich tun will.
9.8
"You don't know what I want to do yet.

Ich werde meine Ansicht über das Verfahren dem
Kommandanten zwar sagen, aber nicht in einer
Sitzung, sondern unter vier Augen;
9.9
I will give my opinion of the proceedings to the
commandant, but not in a meeting, but in private;

ich werde auch nicht so lange hier bleiben, daß ich
irgendeiner Sitzung beigezogen werden könnte;
9.10
nor will I stay here long enough to be called to any meeting;

ich fahre schon morgen früh weg oder schiffe mich
wenigstens ein.«
9.11
I am leaving in the morning, or at least embarking."

Es sah nicht aus, als ob der Offizier zugehört hätte.
10.1
It didn't look as if the officer had been listening.

»Das Verfahren hat Sie also nicht überzeugt«, sagte er
für sich und lächelte, wie ein Alter über den Unsinn
eines Kindes lächelt und hinter dem Lächeln sein
eigenes wirkliches Nachdenken behält.
10.2
"So the trial didn't convince you," he said to himself,
smiling the way an old man smiles at a child's nonsense
and keeping his own real reflection behind the smile.

11.1 »Dann ist es also Zeit«, sagte er schließlich und blickte plötzlich mit hellen Augen, die irgendeine Aufforderung, irgendeinen Aufruf zur Beteiligung enthielten, den Reisenden an.

"Then it's time," he finally said and suddenly looked at the traveler with bright eyes that contained some kind of invitation, some kind of call to participate.

11.2 »Wozu ist es Zeit?« fragte der Reisende unruhig,

"What is it time for?" the traveler asked uneasily,

11.3 bekam aber keine Antwort.

but received no answer.

12.1 »Du bist frei,«

"You are free,"

12.2 sagte der Offizier zum Verurteilten in dessen Sprache.

the officer said to the convict in his own language.

12.3 Dieser glaubte es zuerst nicht.

He didn't believe it at first.

12.4 »Nun, frei bist du«, sagte der Offizier.

"Well, you're free," said the officer.

12.5 Zum erstenmal bekam das Gesicht des Verurteilten wirkliches Leben.

For the first time, the convict's face took on real life.

12.6 War es Wahrheit?

Was it the truth?

12.7 War es nur eine Laune des Offiziers, die vorübergehen konnte?

Was it just a whim of the officer that could pass?

Hatte der fremde Reisende ihm Gnade erwirkt? Was war es?

12.8

Had the foreign traveler obtained mercy for him? What was it?

So schien sein Gesicht zu fragen. Aber nicht lange.

12.9

His face seemed to ask. But not for long.

Was immer es sein mochte, er wollte, wenn er durfte, wirklich frei sein und er begann sich zu rütteln, soweit es die Egge erlaubte.

12.10

Whatever it was, he really wanted to be free if he could, and he began to shake himself as much as the harrow would allow.

»Du zerreißt mir die Riemen«, schrie der Offizier, »sei ruhig!

13.1

"You're tearing my straps," the officer shouted, "shut up!

Wir öffnen sie schon.«

13.2

We'll open them."

Und er machte sich mit dem Soldaten, dem er ein Zeichen gab, an die Arbeit.

13.3

And he set to work with the soldier, to whom he gave a sign.

Der Verurteilte lachte ohne Worte leise vor sich hin, bald wendete er das Gesicht links zum Offizier, bald rechts zum Soldaten, auch den Reisenden vergaß er nicht.

13.4

The condemned man laughed quietly to himself without saying a word, soon turning his face left to the officer, soon right to the soldier, not forgetting the traveler either.

»Zieh ihn heraus,« befahl der Offizier dem Soldaten.

14.1

"Pull him out," the officer ordered the soldier.

14.2 Es mußte hiebei wegen der Egge einige Vorsicht
angewendet werden.

Some care had to be taken because of the harrow.

14.3 Der Verurteilte hatte schon infolge seiner Ungeduld
einige kleine Rißwunden auf dem Rücken.

The convict already had some small lacerations on his back
as a result of his impatience.

Kapitel 4

Chapter 4

1.1 **Von jetzt ab kümmerte sich aber der Offizier kaum mehr um ihn.**

From now on, however, the officer hardly paid him any more attention.

1.2 **Er ging auf den Reisenden zu, zog wieder die kleine Ledermappe hervor, blätterte in ihr, fand schließlich das Blatt, das er suchte, und zeigte es dem Reisenden.**

He approached the traveler, pulled out the small leather folder again, leafed through it, finally found the sheet he was looking for and showed it to the traveler.

1.3 **»Lesen Sie,« sagte er.**

"Read it," he said.

1.4 **»Ich kann nicht«, sagte der Reisende, »ich sagte schon, ich kann diese Blätter nicht lesen.«**

"I can't," said the traveler, "I already said I can't read these sheets."

»Sehen Sie das Blatt doch genau an«, sagte der
Offizier und trat neben den Reisenden, um mit ihm
zu lesen.

1.5

"Take a good look at the sheet," said the officer and stood
next to the traveler to read it with him.

Als auch das nichts half, fuhr er mit dem kleinen
Finger in großer Höhe, als dürfe das Blatt auf keinen
Fall berührt werden, über das Papier hin, um auf
diese Weise dem Reisenden das Lesen zu erleichtern.

1.6

When that didn't help either, he ran his little finger over
the paper at a great height, as if the sheet must not be
touched under any circumstances, to make it easier for the
traveler to read.

Der Reisende gab sich auch Mühe, um wenigstens
darin dem Offizier gefällig sein zu können, aber es
war ihm unmöglich.

1.7

The traveler made an effort to at least please the officer, but
it was impossible for him.

Nun begann der Offizier die Aufschrift zu
buchstabieren und dann las er sie noch einmal im
Zusammenhang.

1.8

Now the officer began to spell out the inscription and then
he read it again in context.

»Sei gerecht!‹

1.9

"'Be just'

– heißt es«, sagte er, »jetzt können Sie es doch lesen.«

1.10

– it says," he said, "now you can read it."

Der Reisende beugte sich so tief über das Papier, daß
der Offizier aus Angst vor einer Berührung es weiter
entfernte;

1.11

The traveler bent so low over the paper that the officer
removed it further for fear of touching it;

1.12 nun sagte der Reisende zwar nichts mehr, aber es war klar, daß er es noch immer nicht hatte lesen können.

now the traveler said nothing more, but it was clear that he had still not been able to read it.

1.13 »›Sei gerecht!‹ – heißt es,« sagte der Offizier nochmals.

"'Be just' – it says," said the officer again.

1.14 »Mag sein«, sagte der Reisende, »ich glaube es, daß es dort steht.«

"Perhaps," said the traveler, "I believe it is written there."

1.15 »Nun gut«, sagte der Offizier, wenigstens teilweise befriedigt, und stieg mit dem Blatt auf die Leiter; er bettete das Blatt mit großer Vorsicht im Zeichner und ordnete das Räderwerk scheinbar gänzlich um; es war eine sehr mühselige Arbeit, es mußte sich auch um ganz kleine Räder handeln, manchmal verschwand der Kopf des Offiziers völlig im Zeichner, so genau mußte er das Räderwerk untersuchen.

"Very well," said the officer, at least partially satisfied, and climbed up the ladder with the sheet; he placed the sheet with great care in the draughtsman's box, and apparently completely rearranged the wheels; it was very laborious work, and the wheels must have been very small; sometimes the officer's head disappeared completely in the box, so closely did he have to examine the wheels.

2.1 Der Reisende verfolgte von unten diese Arbeit ununterbrochen, der Hals wurde ihm steif, und die Augen schmerzten ihn von dem mit Sonnenlicht überschütteten Himmel.

The traveler watched this work uninterruptedly from below, his neck grew stiff and his eyes ached from the sunlit sky.

Der Soldat und der Verurteilte waren nur
miteinander beschäftigt.

2.2

The soldier and the condemned man were only occupied
with each other.

Das Hemd und die Hose des Verurteilten, die schon
in der Grube lagen, wurden vom Soldaten mit der
Bajonettspitze herausgezogen.

2.3

The condemned man's shirt and trousers, which were
already in the pit, were pulled out by the soldier with the
point of his bayonet.

Das Hemd war entsetzlich schmutzig, und der
Verurteilte wusch es in dem Wasserkübel.

2.4

The shirt was terribly dirty and the convict washed it in the
bucket of water.

Als er dann Hemd und Hose anzog, mußte
der Soldat wie der Verurteilte laut lachen,
denn die Kleidungsstücke waren doch hinten
entzweigeschnitten.

2.5

When he then put on his shirt and trousers, the soldier had
to laugh out loud, as did the convict, because the clothes
had been cut in two at the back.

Vielleicht glaubte der Verurteilte, verpflichtet zu sein,
den Soldaten zu unterhalten, er drehte sich in der
zerschnittenen Kleidung im Kreise vor dem Soldaten,
der auf dem Boden hockte und lachend auf seine Knie
schlug.

2.6

Perhaps the condemned man thought he was obliged to
entertain the soldier, he turned in circles in his cut-up
clothes in front of the soldier, who crouched on the ground
and slapped his knees laughing.

2.7 Immerhin bezwangen sie sich noch mit Rücksicht auf die Anwesenheit der Herren.

After all, they were still able to control themselves with respect for the presence of the gentlemen.

3.1 Als der Offizier oben endlich fertiggeworden war, überblickte er noch einmal lächelnd das Ganze in allen seinen Teilen, schlug diesmal den Deckel des Zeichners zu, der bisher offen gewesen war, stieg hinunter, sah in die Grube und dann auf den Verurteilten, merkte befriedigt, daß dieser seine Kleidung herausgenommen hatte, ging dann zu dem Wasserkübel, um die Hände zu waschen, erkannte zu spät den widerlichen Schmutz, war traurig darüber, daß er nun die Hände nicht waschen konnte, tauchte sie schließlich –

When the officer had finally finished upstairs, he once more smilingly surveyed the whole in all its parts, this time closed the lid of the draughtsman's box, which had hitherto been open, climbed down, looked into the pit and then at the condemned man, realized with satisfaction that he had taken out his clothes, then went to the water bucket to wash his hands, realized too late the disgusting dirt, was sad that he could not wash his hands now, finally dipped them –

3.2 dieser Ersatz genügte ihm nicht, aber er mußte sich fügen –

this substitute was not enough for him, but he had to submit –

3.3 in den Sand,

into the sand,

3.4 stand dann auf und begann seinen Uniformrock aufzuknöpfen.

then stood up and began to unbutton his uniform coat.

Hierbei fielen ihm zunächst die zwei
Damentaschentücher, die er hinter den Kragen
gezwängt hatte, in die Hände.

3.5

As he did so, the two ladies' handkerchiefs he had forced
behind his collar fell into his hands.

»Hier hast du deine Taschentücher«, sagte er und
warf sie dem Verurteilten zu.

3.6

"Here are your handkerchiefs," he said, tossing them to the
convict.

Und zum Reisenden sagte er erklärend:

3.7

And he explained to the traveler:

»Geschenke der Damen.«

3.8

"Gifts from the ladies."

Trotz der offenbaren Eile, mit der er den
Uniformrock auszog und sich dann vollständig
entkleidete, behandelte er doch jedes Kleidungsstück
sehr sorgfältig, über die Silberschnüre an seinem
Waffenrock strich er sogar eigens mit den Fingern
hin und schüttelte eine Troddel zurecht.

4.1

Despite the obvious haste with which he took off his tunic
and then undressed completely, he treated every item of
clothing with great care, even stroking the silver cords on
his tunic with his fingers and shaking out a tassel.

Wenig paßte es allerdings zu dieser Sorgfalt, daß er,
sobald er mit der Behandlung eines Stückes fertig
war, es dann sofort mit einem unwilligen Ruck in die
Grube warf.

4.2

It was hardly in keeping with this care, however, that as
soon as he had finished treating an item, he immediately
threw it into the pit with an unwilling jerk.

4.3 **Das letzte, was ihm übrigblieb, war sein kurzer Degen mit dem Tragriemen.**
The last thing he had left was his short sword with the carrying strap.

4.4 **Er zog den Degen aus der Scheide, zerbrach ihn, faßte dann alles zusammen, die Degenstücke, die Scheide und den Riemen, und warf es so heftig weg, daß es unten in der Grube aneinanderklang.**
He pulled the sword out of the scabbard, broke it, then gathered everything together, the pieces of sword, the scabbard and the strap, and threw it away so violently that it clanged together in the pit below.

5.1 **Nun stand er nackt da.**
Now he stood there naked.

5.2 **Der Reisende biß sich auf die Lippen und sagte nichts.**
The traveler bit his lips and said nothing.

5.3 **Er wußte zwar, was geschehen würde, aber er hatte kein Recht, den Offizier an irgend etwas zu hindern.**
He knew what was going to happen, but he had no right to prevent the officer from doing anything.

5.4 **War das Gerichtsverfahren, an dem der Offizier hing, wirklich so nahe daran, behoben zu werden – möglicherweise infolge des Einschreitens des Reisenden, zu dem sich dieser seinerseits verpflichtet fühlte - , dann handelte jetzt der Offizier vollständig richtig;**
If the court case on which the officer was hanging was really so close to being resolved - possibly as a result of the traveler's intervention, which he felt obliged to do - then the officer was now acting completely correctly;

der Reisende hätte an seiner Stelle nicht anders gehandelt. 5.5

the traveler would not have acted differently in his place.

Der Soldat und der Verurteilte verstanden zuerst nichts, 6.1

The soldier and the convict didn't understand anything at first,

sie sahen anfangs nicht einmal zu. 6.2

they didn't even watch at first.

Der Verurteilte war sehr erfreut darüber, die Taschentücher zurückerhalten zu haben, aber er durfte sich nicht lange an ihnen freuen, denn der Soldat nahm sie ihm mit einem raschen, nicht vorherzusehenden Griff. 6.3

The convict was very pleased to have the handkerchiefs back, but he was not allowed to enjoy them for long, because the soldier took them from him with a swift, unforeseen grab.

Nun versuchte wieder der Verurteilte, dem Soldaten die Tücher hinter dem Gürtel, hinter dem er sie verwahrt hatte, hervorzuziehen, aber der Soldat war wachsam. 6.4

Now the condemned man tried again to pull the handkerchiefs out from behind the soldier's belt where he had kept them, but the soldier was alert.

So stritten sie in halbem Scherz. 6.5

So they argued half-jokingly.

Erst als der Offizier vollständig nackt war, wurden sie aufmerksam. 6.6

It was only when the officer was completely naked that they became alert.

6.7 **Besonders der Verurteilte schien von der Ahnung irgendeines großen Umschwungs getroffen zu sein.**
The condemned man in particular seemed to be struck by the premonition of some great change.

6.8 **Was ihm geschehen war, geschah nun dem Offizier.**
What had happened to him was now happening to the officer.

6.9 **Vielleicht würde es so bis zum Äußersten gehen.**
Perhaps it would go to the extreme.

6.10 **Wahrscheinlich hatte der fremde Reisende den Befehl dazu gegeben.**
The foreign traveler had probably given the order.

6.11 **Das war also Rache.**
So this was revenge.

6.12 **Ohne selbst bis zum Ende gelitten zu haben,**
Without having suffered to the end himself,

6.13 **wurde er doch bis zum Ende gerächt.**
he was avenged to the end.

6.14 **Ein breites lautloses Lachen erschien nun auf seinem Gesicht und verschwand nicht mehr.**
A broad, silent laugh now appeared on his face and never disappeared.

7.1 **Der Offizier aber hatte sich der Maschine zugewendet.**
But the officer had turned his attention to the machine.

Wenn es schon früher deutlich gewesen war, daß er
die Maschine gut verstand, so konnte es jetzt einen
fast bestürzt machen, wie er mit ihr umging und wie
sie gehorchte.

If it had been evident before that he understood the
machine well, it was now almost startling to see how he
handled it and how it obeyed.

7.2

Er hatte die Hand der Egge nur genähert, und sie hob
und senkte sich mehrmals, bis sie die richtige Lage
erreicht hatte, um ihn zu empfangen;

He had only brought his hand close to the harrow, and it
rose and fell several times until it had reached the right
position to receive him;

7.3

er faßte das Bett nur am Rande,

he only grasped the edge of the bed,

7.4

und es fing schon zu zittern an;

and it was already beginning to tremble;

7.5

der Filzstumpf kam seinem Mund entgegen, man sah,
wie der Offizier ihn eigentlich nicht haben wollte,
aber das Zögern dauerte nur einen Augenblick, gleich
fügte er sich und nahm ihn auf.

the felt stump came towards his mouth, and one could see
how the officer did not really want it, but the hesitation
lasted only a moment, and immediately he complied and
took it up.

7.6

Alles war bereit, nur die Riemen hingen noch an den
Seiten herunter, aber sie waren offenbar unnötig, der
Offizier mußte nicht angeschnallt sein.

Everything was ready, only the straps were still hanging
down at the sides, but they were obviously unnecessary,
the officer did not need to be strapped in.

7.7

7.8 Da bemerkte der Verurteilte die losen Riemen, seiner Meinung nach war die Exekution nicht vollkommen, wenn die Riemen nicht festgeschnallt waren, er winkte eifrig dem Soldaten, und sie liefen hin, den Offizier anzuschnallen.

Then the condemned man noticed the loose straps, in his opinion the execution was not complete if the straps were not fastened, he waved eagerly to the soldier and they ran to fasten the officer.

7.9 Dieser hatte schon den einen Fuß ausgestreckt, um in die Kurbel zu stoßen, die den Zeichner in Gang bringen sollte; da sah er, daß die zwei gekommen waren; er zog daher den Fuß zurück und ließ sich anschnallen.

The latter had already stretched out one foot to push the crank that was to set the draughtsman in motion; then he saw that the two had come, so he withdrew his foot and let himself be strapped in.

7.10 Nun konnte er allerdings die Kurbel nicht mehr erreichen;

Now, however, he could no longer reach the crank;

7.11 weder der Soldat noch der Verurteilte würden sie auffinden, und der Reisende war entschlossen, sich nicht zu rühren.

neither the soldier nor the convict would find it, and the traveler was determined not to move.

7.12 Es war nicht nötig;

It wasn't necessary;

7.13 kaum waren die Riemen angebracht, fing auch schon die Maschine zu arbeiten an;

the straps were barely in place before the machine began to work;

das Bett zitterte, die Nadeln tanzten auf der Haut, die
Egge schwebte auf und ab.

7.14

the bed trembled, the needles danced on his skin, the
harrow floated up and down.

Der Reisende hatte schon eine Weile hingestarrt,
ehe er sich erinnerte, daß ein Rad im Zeichner hätte
kreischen sollen;

7.15

The traveler had been staring for a while before he
remembered that a wheel should have been screeching
in the drawer;

aber alles war still,

7.16

but everything was silent,

nicht das geringste Surren war zu hören.

7.17

not the slightest whirring could be heard.

Durch diese stille Arbeit entschwand die Maschine
förmlich der Aufmerksamkeit.

8.1

This silent work meant that the machine literally
disappeared from view.

Der Reisende sah zu dem Soldaten und dem
Verurteilten hinüber.

8.2

The traveler looked over at the soldier and the condemned
man.

Der Verurteilte war der Lebhaftere, alles an der
Maschine interessierte ihn, bald beugte er sich
nieder, bald streckte er sich, immerfort hatte er
den Zeigefinger ausgestreckt, um dem Soldaten etwas
zu zeigen.

8.3

The condemned man was the livelier one, he was interested
in everything about the machine, sometimes bending
down, sometimes stretching out, always holding out his
index finger to show the soldier something.

8.4 **Dem Reisenden war es peinlich.**

The traveler was embarrassed.

8.5 **Er war entschlossen, hier bis zum Ende zu bleiben, aber den Anblick der zwei hätte er nicht lange ertragen.**

He was determined to stay here until the end, but he wouldn't have been able to bear the sight of the two of them for long.

8.6 **»Geht nach Hause,« sagte er.**

"Go home," he said.

8.7 **Der Soldat wäre dazu vielleicht bereit gewesen,**

The soldier might have been willing to do so,

8.8 **aber der Verurteilte empfand den Befehl geradezu als Strafe.**

but the convict saw the order as a punishment.

8.9 **Er bat flehentlich mit gefalteten Händen, ihn hier zu lassen, und als der Reisende kopfschüttelnd nicht nachgeben wollte, kniete er sogar nieder.**

He pleaded with folded hands to leave him here, and when the traveler, shaking his head, refused to give in, he even knelt down.

8.10 **Der Reisende sah, daß Befehle hier nichts halfen, er wollte hinüber und die zwei vertreiben.**

The traveler saw that orders were of no use here, he wanted to go over and chase the two away.

8.11 **Da hörte er oben im Zeichner ein Geräusch.**

Then he heard a noise up in the draughtsman's room.

8.12 **Er sah hinauf. Störte also das Zahnrad doch?**

He looked up. Was the cogwheel interfering after all?

Aber es war etwas anderes.   8.13

But it was something else.

Langsam hob sich der Deckel des Zeichners und   8.14
klappte dann vollständig auf.

Slowly, the draughtsman's lid lifted and then opened
completely.

Die Zacken eines Zahnrades zeigten und hoben   8.15
sich, bald erschien das ganze Rad, es war, als presse
irgendeine große Macht den Zeichner zusammen,
so daß für dieses Rad kein Platz mehr übrigblieb,
das Rad drehte sich bis zum Rand des Zeichners, fiel
hinunter, kollerte aufrecht ein Stück im Sand und
blieb dann liegen.

The teeth of a cogwheel showed and rose, soon the whole
wheel appeared, it was as if some great power was pressing
the draughtsman together so that there was no room
left for this wheel, the wheel turned to the edge of the
draughtsman, fell down, rolled upright a little in the sand
and then came to rest.

Aber schon stieg oben ein anderes auf, ihm folgten   8.16
viele, große, kleine und kaum zu unterscheidende,
mit allen geschah dasselbe, immer glaubte man, nun
müsse der Zeichner jedenfalls schon entleert sein,
da erschien eine neue, besonders zahlreiche Gruppe,
stieg auf, fiel hinunter, kollerte im Sand und legte
sich.

But another one was already rising above, it was followed
by many others, large, small and hardly distinguishable,
the same thing happened to all of them, one always
thought that the draughtsman must have been emptied by
now, when a new, particularly numerous group appeared,
rose, fell down, rolled in the sand and lay down.

8.17 Über diesem Vorgang vergaß der Verurteilte ganz den Befehl des Reisenden, die Zahnräder entzückten ihn völlig, er wollte immer eines fassen, trieb gleichzeitig den Soldaten an, ihm zu helfen, zog aber erschreckt die Hand zurück, denn es folgte gleich ein anderes Rad, das ihn, wenigstens im ersten Anrollen, erschreckte.

The convict forgot all about the traveler's orders, he was completely enchanted by the cogwheels, he always wanted to grab one, at the same time he urged the soldier to help him, but was frightened and pulled his hand back, because another wheel followed immediately, which frightened him, at least at first.

9.1 Der Reisende dagegen war sehr beunruhigt;

The traveler, on the other hand, was much alarmed;

9.2 die Maschine ging offenbar in Trümmer;

the machine was evidently going to pieces;

9.3 ihr ruhiger Gang war eine Täuschung;

its smooth running was a deception;

9.4 er hatte das Gefühl, als müsse er sich jetzt des Offiziers annehmen, da dieser nicht mehr für sich selbst sorgen konnte.

he felt as if he must now take care of the officer, as he could no longer take care of himself.

9.5 Aber während der Fall der Zahnräder seine ganze Aufmerksamkeit beanspruchte, hatte er versäumt, die übrige Maschine zu beaufsichtigen;

But while the fall of the cogwheels had occupied all his attention, he had neglected to supervise the rest of the machine;

als er jedoch jetzt, nachdem das letzte Zahnrad den
Zeichner verlassen hatte, sich über die Egge beugte,
hatte er eine neue, noch ärgere Überraschung.

9.6

but now, when he bent over the harrow after the last
cogwheel had left the draughtsman, he had a new, even
worse surprise.

Die Egge schrieb nicht, sie stach nur, und das Bett
wälzte den Körper nicht, sondern hob ihn nur
zitternd in die Nadeln hinein.

9.7

The harrow did not write, it only pricked, and the bed
did not roll the body, but only lifted it trembling into the
needles.

Der Reisende wollte eingreifen, möglicherweise
das Ganze zum Stehen bringen, das war ja keine
Folter, wie sie der Offizier erreichen wollte, das war
unmittelbarer Mord.

9.8

The traveler wanted to intervene, possibly bring the whole
thing to a halt, this was not torture, as the officer wanted to
achieve, this was direct murder.

Er streckte die Hände aus.

9.9

He stretched out his hands.

Da hob sich aber schon die Egge mit dem
aufgespießten Körper zur Seite,

9.10

But the harrow with the impaled body was already rising to
the side,

wie sie es sonst erst in der zwölften Stunde tat.

9.11

as it usually did at the twelfth hour.

Das Blut floß in hundert Strömen, nicht mit Wasser
vermischt, auch die Wasserröhrchen hatten diesmal
versagt.

9.12

The blood flowed in a hundred streams, not mixed with
water; even the water tubes had failed this time.

9.13 Und nun versagte noch das Letzte, der Körper löste sich von den Nadeln nicht, strömte sein Blut aus, hing aber über der Grube, ohne zu fallen.

And now the last one failed, the body did not detach itself from the needles, poured out its blood, but hung over the pit without falling.

9.14 Die Egge wollte schon in ihre alte Lage zurückkehren, aber als merke sie selbst, daß sie von ihrer Last noch nicht befreit sei, blieb sie doch über der Grube.

The harrow wanted to return to its old position, but as if it realized that it had not yet been freed from its burden, it remained above the pit.

9.15 »Helft doch!«

"Help!"

9.16 schrie der Reisende zum Soldaten und zum Verurteilten hinüber und faßte selbst die Füße des Offiziers.

cried the traveler to the soldier and the condemned man, and took hold of the officer's feet himself.

9.17 Er wollte sich hier gegen die Füße drücken, die zwei sollten auf der anderen Seite den Kopf des Offiziers fassen, und so sollte er langsam von den Nadeln gehoben werden.

He wanted to press himself against the feet here, the two were to grab the officer's head on the other side, and so he was to be slowly lifted off the pins.

9.18 Aber nun konnten sich die zwei nicht entschließen zu kommen;

But now the two could not make up their minds to come;

9.19 der Verurteilte drehte sich geradezu um;

the condemned man almost turned round;

der Reisende mußte zu ihnen hinübergehen und sie mit Gewalt zu dem Kopf des Offiziers drängen.   9.20
the traveler had to go over to them and force them to the officer's head.

Hierbei sah er fast gegen Willen das Gesicht der Leiche.   9.21
Here he saw the face of the corpse almost against his will.

Es war, wie es im Leben gewesen war;   9.22
It was as it had been in life;

kein Zeichen der versprochenen Erlösung war zu entdecken;   9.23
no sign of the promised redemption was to be discovered;

was alle anderen in der Maschine gefunden hatten,   9.24
what all the others had found in the machine,

der Offizier fand es nicht;   9.25
the officer did not find;

die Lippen waren fest zusammengedrückt, die Augen waren offen, hatten den Ausdruck des Lebens, der Blick war ruhig und überzeugt, durch die Stirn ging die Spitze des großen eisernen Stachels.   9.26
the lips were tightly compressed, the eyes were open, had the expression of life, the look was calm and convinced, through the forehead passed the point of the great iron spike.

Als der Reisende, mit dem Soldaten und dem Verurteilten hinter sich, zu den ersten Häusern der Kolonie kam, zeigte der Soldat auf eins und sagte,   10.1
When the traveler, with the soldier and the convict behind him, came to the first houses of the colony, the soldier pointed to one and said,

10.2 »Hier ist das Teehaus.«

"Here is the teahouse."

11.1 Im Erdgeschoß eines Hauses war ein tiefer, niedriger, höhlenartiger, an den Wänden und an der Decke verräucherter Raum.

On the ground floor of a house was a deep, low, cave-like room with smoky walls and ceiling.

11.2 Gegen die Straße zu war er in seiner ganzen Breite offen.

Its entire width was open to the street.

11.3 Trotzdem sich das Teehaus von den übrigen Häusern der Kolonie, die bis auf die Palastbauten der Kommandantur alle sehr verkommen waren, wenig unterschied, übte es auf den Reisenden doch den Eindruck einer historischen Erinnerung aus, und er fühlte die Macht der früheren Zeiten.

Although the teahouse differed little from the other houses in the colony, all of which were very dilapidated except for the palatial buildings of the commandant's office, it still gave the traveler the impression of a historical memory, and he felt the power of earlier times.

11.4 Er trat näher heran, ging, gefolgt von seinen Begleitern, zwischen den unbesetzten Tischen hindurch, die vor dem Teehaus auf der Straße standen, und atmete die kühle, dumpfige Luft ein, die aus dem Innern kam.

He stepped closer and, followed by his companions, walked between the unoccupied tables that stood in front of the teahouse on the street and breathed in the cool, muffled air that came from inside.

»Der Alte ist hier begraben«, sagte der Soldat, »ein
Platz auf dem Friedhof ist ihm vom Geistlichen
verweigert worden.

11.5

"The old man is buried here," said the soldier, "he has been
refused a place in the cemetery by the clergyman.

Man war eine Zeitlang unentschlossen, wo man
ihn begraben sollte, schließlich hat man ihn hier
begraben.

11.6

They were undecided for a while where to bury him, but in
the end they buried him here.

Davon hat Ihnen der Offizier gewiß nichts erzählt,

11.7

The officer certainly didn't tell you anything about this,

denn dessen hat er sich natürlich am meisten
geschämt.

11.8

because of course he was most ashamed of it.

Er hat sogar einigemal in der Nacht versucht,
den Alten auszugraben, er ist aber immer verjagt
worden.«

11.9

He even tried to dig up the old man several times during the
night, but he was always chased away."

»Wo ist das Grab?« fragte der Reisende,

11.10

"Where is the grave?" asked the traveler,

der dem Soldaten nicht glauben konnte.

11.11

who could not believe the soldier.

Gleich liefen beide, der Soldat wie der Verurteilte,
vor ihm her und zeigten mit ausgestreckten Händen
dorthin, wo sich das Grab befinden sollte.

11.12

Immediately, both the soldier and the condemned man
ran ahead of him and pointed with outstretched hands to
where the grave was supposed to be.

11.13 Sie führten den Reisenden bis zur Rückwand,

They led the traveler to the back wall,

11.14 wo an einigen Tischen Gäste saßen.

where guests were seated at a few tables.

11.15 Es waren wahrscheinlich Hafenarbeiter, starke Männer mit kurzen, glänzend schwarzen Vollbärten.

They were probably dock workers, strong men with short, shiny black beards.

11.16 Alle waren ohne Rock, ihre Hemden waren zerrissen, es war armes, gedemütigtes Volk.

They were all without skirts, their shirts were torn, they were poor, humiliated people.

11.17 Als sich der Reisende näherte, erhoben sich einige, drückten sich an die Wand und sahen ihm entgegen.

As the traveler approached, some stood up, pressed themselves against the wall and faced him.

11.18 »Es ist ein Fremder«, flüsterte es um den Reisenden herum, »er will das Grab ansehen.«

"It's a stranger," they whispered around the traveler, "he wants to see the tomb."

11.19 Sie schoben einen der Tische beiseite,

They pushed aside one of the tables,

11.20 unter dem sich wirklich ein Grabstein befand.

under which there really was a gravestone.

11.21 Es war ein einfacher Stein, niedrig genug, um unter einem Tisch verborgen werden zu können.

It was a simple stone, low enough to be hidden under a table.

Er trug eine Aufschrift mit sehr kleinen Buchstaben, der Reisende mußte, um sie zu lesen, niederknien.

11.22

It bore an inscription in very small letters, and the traveler had to kneel down to read it.

Sie lautete: ›Hier ruht der alte Kommandant.

11.23

It read: 'Here rests the old commander.

Seine Anhänger, die jetzt keinen Namen tragen dürfen, haben ihm das Grab gegraben und den Stein gesetzt.

11.24

His followers, who are now not allowed to bear a name, have dug his grave and placed the stone.

Es besteht eine Prophezeiung, daß der Kommandant nach einer bestimmten Anzahl von Jahren auferstehen und aus diesem Hause seine Anhänger zur Wiedereroberung der Kolonie führen wird.

11.25

There is a prophecy that the commander will rise again after a certain number of years and lead his followers from this house to reconquer the colony.

Glaubet und wartet!‹

11.26

Believe and wait!‹

Als der Reisende das gelesen hatte und sich erhob, sah er rings um sich die Männer stehen und lächeln, als hätten sie mit ihm die Aufschrift gelesen, sie lächerlich gefunden und forderten ihn auf, sich ihrer Meinung anzuschließen.

11.27

When the traveler had read this and stood up, he saw the men standing all around him, smiling as if they had read the inscription with him, found it ridiculous, and asked him to join them in their opinion.

11.28 Der Reisende tat, als merke er das nicht, verteilte einige Münzen unter sie, wartete noch, bis der Tisch über das Grab geschoben war, verließ das Teehaus und ging zum Hafen.

The traveler pretended not to notice, distributed some coins among them, waited until the table was pushed over the grave, left the teahouse and went to the harbor.

12.1 Der Soldat und der Verurteilte hatten im Teehaus Bekannte gefunden, die sie zurückhielten.

The soldier and the convict had found acquaintances in the teahouse who held them back.

12.2 Sie mußten sich aber bald von ihnen losgerissen haben, denn der Reisende befand sich erst in der Mitte der langen Treppe, die zu den Booten führte, als sie ihm schon nachliefen.

But they must have soon torn themselves away from them, because the traveler was only in the middle of the long staircase leading to the boats when they were already running after him.

12.3 Sie wollten wahrscheinlich den Reisenden im letzten Augenblick zwingen, sie mitzunehmen.

They probably wanted to force the traveler to take them with him at the last moment.

12.4 Während der Reisende unten mit einem Schiffer wegen der Überfahrt zum Dampfer unterhandelte, rasten die zwei die Treppe hinab, schweigend, denn zu schreien wagten sie nicht.

While the traveler negotiated with a boatman below about the crossing to the steamer, the two raced down the stairs in silence, because they didn't dare shout.

Aber als sie unten ankamen, war der Reisende schon im Boot, und der Schiffer löste es gerade vom Ufer.

12.5

But when they reached the bottom, the traveler was already in the boat and the boatman was just unhooking it from the shore.

Sie hätten noch ins Boot springen können, aber der Reisende hob ein schweres, geknotetes Tau vom Boden, drohte ihnen damit und hielt sie dadurch von dem Sprunge ab.

12.6

They could have jumped into the boat, but the traveler lifted a heavy, knotted rope from the ground and threatened them with it, thus preventing them from jumping.

Blumfeld, ein älterer Junggeselle

Blumfeld, an Elderly Bachelor

Kapitel 1

Chapter 1

1.1 Blumfeld, ein älterer Junggeselle, stieg eines abends
zu seiner Wohnung hinauf, was eine mühselige
Arbeit war, denn er wohnte im sechsten Stock.

Blumfeld, an elderly bachelor, climbed up to his apartment
one evening, which was tedious work, for he lived on the
sixth floor.

Während des Hinaufsteigens dachte er, wie öfters   1.2
in der letzten Zeit, daran, daß dieses vollständig
einsame Leben recht lästig sei, daß er jetzt
diese sechs Stockwerke förmlich im Geheimen
hinaufsteigen müsse, um oben in seinen leeren
Zimmern anzukommen, dort wieder förmlich im
Geheimen den Schlafrock anzuziehn, die Pfeife
anzustecken, in der französischen Zeitschrift, die
er schon seit Jahren abonniert hatte, ein wenig
zu lesen, dazu an einem von ihm selbst bereiteten
Kirschenschnaps zu nippen und schließlich nach
einer halben Stunde zu Bett zu gehn, nicht ohne
vorher das Bettzeug vollständig umordnen zu
müssen, das die jeder Belehrung unzugängliche
Bedienerin immer nach ihrer Laune hinwarf.

As he climbed up, he thought, as he had often done of late,
that this completely solitary life was rather tiresome, that
he must now climb these six floors in secret in order to
reach his empty rooms at the top, where he must again put
on his dressing-gown in secret and light his pipe, to read a
little in the French magazine to which he had subscribed
for years, to sip a cherry brandy he had prepared himself,
and finally to go to bed half an hour later, not without first
having to rearrange all the bedding, which the servant,
who was always inaccessible to instruction, threw down at
her whim.

Irgendein Begleiter,   1.3
Blumfeld would have welcomed a companion,

irgendein Zuschauer für diese Tätigkeiten wäre   1.4
Blumfeld sehr willkommen gewesen.
a spectator for these activities.

Er hatte schon überlegt, ob er sich nicht einen   1.5
kleinen Hund anschaffen solle.
He had already considered getting a small dog.

1.6 Ein solches Tier ist lustig und vor allem dankbar und treu;

Such an animal is funny and, above all, grateful and loyal;

1.7 ein Kollege von Blumfeld hat einen solchen Hund, er schließt sich niemandem an, außer seinem Herrn, und hat er ihn ein paar Augenblicke nicht gesehn, empfängt er ihn gleich mit großem Bellen, womit er offenbar seine Freude darüber ausdrücken will, seinen Herrn, diesen außerordentlichen Wohltäter wieder gefunden zu haben.

a colleague of Blumfeld's has such a dog, he doesn't join anyone except his master, and if he hasn't seen him for a few moments, he immediately greets him with a big bark, obviously expressing his joy at having found his master, this extraordinary benefactor, again.

1.8 Allerdings hat ein Hund auch Nachteile.

However, a dog also has disadvantages.

1.9 Selbst wenn er noch so reinlich gehalten wird,

Even if it is kept clean,

1.10 verunreinigt er das Zimmer.

it will make a mess in the room.

1.11 Das ist gar nicht zu vermeiden, man kann ihn nicht jedesmal, ehe man ihn ins Zimmer hineinnimmt, in heißem Wasser baden, auch würde das seine Gesundheit nicht vertragen.

This is unavoidable, you can't bathe him in hot water every time before you take him into the room, nor would his health tolerate it.

Unreinlichkeit in seinem Zimmer aber verträgt
wieder Blumfeld nicht, die Reinheit seines Zimmers
ist ihm etwas Unentbehrliches, mehrmals in der
Woche hat er mit der in diesem Punkte leider nicht
sehr peinlichen Bedienerin Streit.

1.12

But Blumfeld again cannot tolerate uncleanliness in his
room; the cleanliness of his room is something he cannot
do without, and several times a week he has arguments
with the servant, who is unfortunately not very scrupulous
in this respect.

Da sie schwerhörig ist, zieht er sie gewöhnlich am
Arm zu jenen Stellen des Zimmers, wo er an der
Reinlichkeit etwas auszusetzen hat.

1.13

As she is hard of hearing, he usually drags her by the arm
to those parts of the room where he finds fault with the
cleanliness.

Durch diese Strenge hat er es erreicht, daß die
Ordnung im Zimmer annähernd seinen Wünschen
entspricht.

1.14

This strictness has enabled him to ensure that the room is
almost as tidy as he wants it to be.

Mit der Einführung eines Hundes würde er aber
geradezu den bisher so sorgfältig abgewehrten
Schmutz freiwillig in sein Zimmer leiten.

1.15

With the introduction of a dog, however, he would almost
voluntarily channel the dirt he has so carefully fended off
into his room.

Flöhe, die ständigen Begleiter der Hunde, würden
sich einstellen.

1.16

Fleas, the constant companions of the dogs, would be
introduced.

1.17 Waren aber einmal Flöhe da, dann war auch der Augenblick nicht mehr fern, an dem Blumfeld sein behagliches Zimmer dem Hund überlassen und ein anderes Zimmer suchen würde.

But once fleas were there, the moment was not far off when Blumfeld would leave his cozy room to the dog and look for another room.

1.18 Unreinlichkeit war aber nur ein Nachteil der Hunde.

But uncleanliness was only one disadvantage of dogs.

1.19 Hunde werden auch krank und Hundekrankheiten versteht doch eigentlich niemand.

Dogs also get sick and nobody really understands dog illnesses.

1.20 Dann hockt dieses Tier in einem Winkel oder hinkt herum, winselt, hüstelt, würgt an irgendeinem Schmerz, man umwickelt es mit einer Decke, pfeift ihm etwas vor, schiebt ihm Milch hin, kurz, pflegt es in der Hoffnung, daß es sich, wie es ja auch möglich ist, um ein vorübergehendes Leiden handelt, indessen aber kann es eine ernsthafte, widerliche und ansteckende Krankheit sein.

Then this animal squats in a corner or limps around, whimpers, coughs, chokes on some pain, you wrap it with a blanket, whistle something to it, give it milk, in short, nurse it in the hope that it is, as is possible, a temporary ailment, but in the meantime it can be a serious, disgusting and contagious disease.

Und selbst wenn der Hund gesund bleibt, so wird er doch später einmal alt, man hat sich nicht entschließen können, das treue Tier rechtzeitig wegzugeben, und es kommt dann die Zeit, wo einen das eigene Alter aus den tränenden Hundeaugen anschaut.

1.21

And even if the dog remains healthy, it will still grow old later on, you have not been able to decide to give the faithful animal away in time, and then the time comes when your own old age looks at you from the watery eyes of the dog.

Dann muß man sich aber mit dem halbblinden, lungenschwachen, vor Fett fast unbeweglichen Tier quälen und damit die Freuden, die der Hund früher gemacht hat, teuer bezahlen.

1.22

But then you have to torment yourself with the half-blind, lung-weak animal, almost immobile with fat, and pay dearly for the joys the dog used to give you.

So gern Blumfeld einen Hund jetzt hätte, so will er doch lieber noch dreißig Jahre allein die Treppe hinaufsteigen, statt später von einem solchen alten Hund belästigt zu werden, der, noch lauter seufzend als er selbst, sich neben ihm von Stufe zu Stufe hinaufschleppt.

1.23

As much as Blumfeld would like to have a dog now, he would rather climb the stairs alone for another thirty years than be bothered later by such an old dog, which, sighing even louder than himself, drags itself up from step to step beside him.

2.1 So wird also Blumfeld doch allein bleiben, er hat nicht etwa die Gelüste einer alten Jungfer, die irgendein untergeordnetes lebendiges Wesen in ihrer Nähe haben will, das sie beschützen darf, mit dem sie zärtlich sein kann, welches sie immerfort bedienen will, so daß ihr also zu diesem Zweck eine Katze, ein Kanarienvogel oder selbst Goldfische genügen.

So Blumfeld will remain alone, he does not have the desires of an old maid who wants to have some subordinate living creature near her, whom she can protect, with whom she can be affectionate, whom she always wants to serve, so that a cat, a canary or even goldfish will suffice for this purpose.

2.2 Und kann es das nicht sein,

And if that is not enough,

2.3 so ist sie sogar mit Blumen vor dem Fenster zufrieden.

she is even satisfied with flowers in front of the window.

2.4 Blumfeld dagegen will nur einen Begleiter haben, ein Tier, um das er sich nicht viel kümmern muß, dem ein gelegentlicher Fußtritt nicht schadet, das im Notfall auch auf der Gasse übernachten kann, das aber, wenn es Blumfeld danach verlangt, gleich mit Bellen, Springen, Händelecken zur Verfügung steht.

Blumfeld, on the other hand, just wants to have a companion, an animal that he doesn't have to worry about much, that doesn't mind an occasional kick, that can spend the night in the alley if necessary, but that is immediately available to bark, jump and lick his hands when Blumfeld wants it.

Etwas derartiges will Blumfeld, da er es aber, wie
er einsieht, ohne allzugroße Nachteile nicht haben
kann, so verzichtet er darauf, kommt aber seiner
gründlichen Natur entsprechend von Zeit zu Zeit,
zum Beispiel an diesem Abend, wieder auf die
gleichen Gedanken zurück.

2.5

Blumfeld wants something like this, but since he realizes
that he cannot have it without too many disadvantages, he
does without it, but in keeping with his thorough nature,
he returns to the same thoughts from time to time, for
example that evening.

Als er oben vor seiner Zimmertür den Schlüssel aus
der Tasche holt, fällt ihm ein Geräusch auf, das aus
seinem Zimmer kommt.

3.1

As he takes the key out of his pocket in front of his bedroom
door, he notices a noise coming from his room.

Ein eigentümliches klapperndes Geräusch, sehr
lebhaft aber, sehr regelmäßig.

3.2

A peculiar rattling sound, very lively but very regular.

Da Blumfeld gerade an Hunde gedacht hat, erinnert
es ihn an das Geräusch, das Pfoten hervorbringen,
wenn sie abwechselnd auf den Boden schlagen.

3.3

Since Blumfeld has just been thinking about dogs, it
reminds him of the sound that paws make when they
take turns hitting the floor.

Aber Pfoten klappern nicht, es sind nicht Pfoten.

3.4

But paws don't clatter, they are not paws.

Er schließt eilig die Tür auf und dreht das elektrische
Licht auf.

3.5

He hurriedly unlocks the door and turns on the electric
light.

3.6 Auf diesen Anblick war er nicht vorbereitet.

He was not prepared for this sight.

3.7 Das ist ja Zauberei, zwei kleine, weiße blaugestreifte Zelluloidbälle springen auf dem Parkett nebeneinander auf und ab, schlägt der eine auf den Boden, ist der andere in der Höhe, und unermüdlich führen sie ihr Spiel aus.

It's magic: two small, white, blue-striped celluloid balls bounce up and down next to each other on the parquet floor, one hits the ground, the other is up in the air, and they play their game tirelessly.

3.8 Einmal im Gymnasium hat Blumfeld bei einem bekannten elektrischen Experiment kleine Kügelchen ähnlich springen sehn, diese aber sind verhältnismäßig große Bälle, springen im freien Zimmer und es wird kein elektrisches Experiment angestellt.

Once in grammar school, Blumfeld saw small balls jumping in a similar way during a well-known electrical experiment, but these are relatively large balls, they jump in the open room and no electrical experiment is carried out.

3.9 Blumfeld bückt sich zu ihnen hinab, um sie genauer anzusehen.

Blumfeld bends down to look at them more closely.

3.10 Es sind ohne Zweifel gewöhnliche Bälle,

They are undoubtedly ordinary balls,

3.11 sie enthalten wahrscheinlich in ihrem Innern noch einige kleinere Bälle und diese erzeugen das klappernde Geräusch.

they probably contain a few smaller balls inside and these produce the rattling noise.

Blumfeld greift in die Luft, um festzustellen, ob sie nicht etwa an irgendwelchen Fäden hängen, nein, sie bewegen sich ganz selbständig.

3.12

Blumfeld reaches up into the air to check that they are not hanging by strings, no, they are moving all by themselves.

Schade, daß Blumfeld nicht ein kleines Kind ist, zwei solche Bälle wären für ihn eine freudige Überraschung gewesen, während jetzt das Ganze einen mehr unangenehmen Eindruck auf ihn macht.

3.13

It is a pity that Blumfeld is not a small child, two such balls would have been a happy surprise for him, whereas now the whole thing makes a more unpleasant impression on him.

Es ist doch nicht ganz wertlos, als ein unbeachteter Junggeselle nur im Geheimen zu leben, jetzt hat irgend jemand, gleichgültig wer, dieses Geheimnis gelüftet und ihm diese zwei komischen Bälle hereingeschickt.

3.14

It is not entirely worthless to live in secret as an unnoticed bachelor, but now someone, no matter who, has revealed this secret and sent him these two strange balls.

Er will einen fassen,

4.1

He tries to catch one,

aber sie weichen vor ihm zurück und locken ihn im Zimmer hinter sich her.

4.2

but they flee from him and lure him into the room behind them.

4.3 Es ist doch zu dumm, denkt er, so hinter den Bällen herzulaufen, bleibt stehen und sieht ihnen nach, wie sie, da die Verfolgung aufgegeben scheint, auch auf der gleichen Stelle bleiben.

It's too stupid, he thinks, to run after the balls like that, stops and watches them as they seem to have given up the chase and stay in the same place.

4.4 Ich werde sie aber doch zu fangen suchen,

But I will try to catch them,

4.5 denkt er dann wieder und eilt zu ihnen.

he thinks again and hurries to them.

4.6 Sofort flüchten sie sich, aber Blumfeld drängt sie mit auseinandergestellten Beinen in eine Zimmerecke, und vor dem Koffer, der dort steht, gelingt es ihm, einen Ball zu fangen.

They immediately flee, but Blumfeld pushes them into a corner of the room, legs apart, and he manages to catch a ball in front of the suitcase standing there.

4.7 Es ist ein kühler, kleiner Ball und dreht sich in seiner Hand, offenbar begierig zu entschlüpfen.

It is a cool, small ball and spins in his hand, obviously eager to escape.

4.8 Und auch der andere Ball, als sehe er die Not seines Kameraden, springt höher als früher, und dehnt die Sprünge, bis er Blumfelds Hand berührt.

And the other ball, too, as if it sees the distress of its comrade, bounces higher than before, stretching its jumps until it touches Blumfeld's hand.

Er schlägt gegen die Hand, schlägt in immer schnelleren Sprüngen, ändert die Angriffspunkte, springt dann, da er gegen die Hand, die den Ball ganz umschließt, nichts ausrichten kann, noch höher und will wahrscheinlich Blumfelds Gesicht erreichen.

4.9

It hits the hand, bounces faster and faster, changes its point of attack, then, as it can do nothing against the hand that completely encloses the ball, bounces even higher and probably wants to reach Blumfeld's face.

Blumfeld könnte auch diesen Ball fangen und beide irgendwo einsperren, aber es scheint ihm im Augenblick zu entwürdigend, solche Maßnahmen gegen zwei kleine Bälle zu ergreifen.

4.10

Blumfeld could also catch this ball and lock them both up somewhere, but at the moment it seems too degrading for him to take such measures against two small balls.

Es ist doch auch ein Spaß, zwei solche Bälle zu besitzen, auch werden sie bald genug müde werden, unter einen Schrank rollen und Ruhe geben.

4.11

After all, it is fun to have two such balls, and they will tire soon enough, roll under a cupboard and give up.

Trotz dieser Überlegung schleudert aber Blumfeld in einer Art Zorn den Ball zu Boden, es ist ein Wunder, daß hiebei die schwache, fast durchsichtige Zelluloidhülle nicht zerbricht.

4.12

Despite this consideration, Blumfeld hurls the ball to the floor in a kind of rage; it is a miracle that the weak, almost transparent celluloid cover does not break.

Ohne Übergang nehmen die zwei Bälle ihre frühern niedrigen, gegenseitig abgestimmten Sprünge wieder auf.

4.13

Without transition, the two balls resume their earlier low, coordinated bounces.

5.1 Blumfeld entkleidet sich ruhig, ordnet die Kleider im Kasten, er pflegt immer genau nachzusehn, ob die Bedienerin alles in Ordnung zurückgelassen hat.

Blumfeld undresses calmly, arranges his clothes in the wardrobe, he always makes sure that the waitress has left everything in order.

5.2 Ein - oder zweimal schaut er über die Schulter weg nach den Bällen, die unverfolgt jetzt sogar ihn zu verfolgen scheinen, sie sind ihm nachgerückt und springen nun knapp hinter ihm.

Once or twice he looks over his shoulder at the balls, which now seem to be following him, they have followed him and are now jumping just behind him.

5.3 Blumfeld zieht den Schlafrock an und will zu der gegenüberliegenden Wand, um eine der Pfeifen zu holen, die dort in einem Gestell hängen.

Blumfeld puts on his robe and goes to the opposite wall to fetch one of the pipes hanging in a rack.

5.4 Unwillkürlich schlägt er, ehe er sich umdreht, mit einem Fuß nach hinten aus, die Bälle aber verstehen es auszuweichen und werden nicht getroffen.

Involuntarily, he swings backwards with one foot before turning around, but the balls manage to dodge and are not hit.

5.5 Als er nun um die Pfeife geht, schließen sich ihm die Bälle gleich an, er schlurft mit den Pantoffeln, macht unregelmäßige Schritte, aber doch folgt jedem Auftreten fast ohne Pause ein Aufschlag der Bälle, sie halten mit ihm Schritt.

As he now walks around the pipe, the balls immediately follow him, he shuffles with his slippers, takes irregular steps, but each step is followed almost without pause by a bounce of the balls, they keep pace with him.

Blumfeld dreht sich unerwartet um, um zu sehn, wie die Bälle das zustande bringen.

Blumfeld turns around unexpectedly to see how the balls do it.

5.6

Aber kaum hat er sich umgedreht, beschreiben die Bälle einen Halbkreis und sind schon wieder hinter ihm und das wiederholt sich, sooft er sich umdreht.

But as soon as he has turned around, the balls describe a semicircle and are already behind him again and this is repeated as often as he turns around.

5.7

Wie untergeordnete Begleiter, suchen sie es zu vermeiden, vor Blumfeld sich aufzuhalten.

Like subordinate companions, they try to avoid being in front of Blumfeld.

5.8

Bis jetzt haben sie es scheinbar nur gewagt, um sich ihm vorzustellen, jetzt aber haben sie bereits ihren Dienst angetreten.

So far, they have apparently only dared to introduce themselves to him, but now they have already started their duty.

5.9

Bisher hat Blumfeld immer in allen Ausnahmsfällen, wo seine Kraft nicht hinreichte, um die Lage zu beherrschen, das Aushilfsmittel gewählt, so zu tun, als bemerke er nichts.

So far, in all exceptional cases where his strength was not sufficient to control the situation, Blumfeld has always chosen the temporary solution of pretending not to notice anything.

6.1

Es hat oft geholfen und meistens die Lage wenigstens verbessert.

It often helped and usually at least improved the situation.

6.2

6.3 Er verhält sich also auch jetzt so, steht vor dem Pfeifengestell, wählt mit aufgestülpten Lippen eine Pfeife, stopft sie besonders gründlich aus dem bereitgestellten Tabaksbeutel und läßt unbekümmert hinter sich die Bälle ihre Sprünge machen.

So now he behaves in the same way, stands in front of the pipe rack, selects a pipe with his lips puckered, puffs it particularly thoroughly from the tobacco pouch provided and lets the balls bounce carefree behind him.

6.4 Nur zum Tisch zu gehn zögert er, den Gleichtakt der Sprünge und seiner eigenen Schritte zu hören, schmerzt ihn fast.

He only hesitates to go to the table; it almost hurts him to hear the rhythm of the bounces and his own steps.

6.5 So steht er, stopft die Pfeife unnötig lange und prüft die Entfernung, die ihn vom Tische trennt.

So he stands, stuffs his pipe for an unnecessarily long time and checks the distance separating him from the table.

6.6 Endlich aber überwindet er seine Schwäche und legt die Strecke unter solchem Fußstampfen zurück, daß er die Bälle gar nicht hört.

Finally, however, he overcomes his weakness and covers the distance by stamping his feet so hard that he can't hear the balls at all.

6.7 Als er sitzt, springen sie allerdings hinter seinem Sessel wieder vernehmlich wie früher.

As he sits down, however, they bounce audibly behind his chair as before.

Über dem Tisch ist in Griffnähe an der Wand ein Brett angebracht, auf dem die Flasche mit dem Kirschenschnaps von kleinen Gläschen umgeben steht. 7.1

Above the table, a board is attached to the wall near the handle, on which the bottle of cherry brandy stands surrounded by small glasses.

Neben ihr liegt ein Stoß von Heften der französischen Zeitschrift. 7.2

Next to it is a stack of issues of the French magazine.

(Gerade heute ist ein neues Heft gekommen und Blumfeld holt es herunter. 7.3

(A new issue has just arrived today and Blumfeld takes it down.

Den Schnaps vergißt er ganz, er hat selbst das Gefühl, als ob er heute nur aus Trost an seinen gewöhnlichen Beschäftigungen sich nicht hindern ließe, auch ein wirkliches Bedürfnis zu lesen hat er nicht. 7.4

He forgets all about the schnapps, he himself has the feeling that he is not allowing himself to be distracted from his usual activities for the sake of comfort, nor does he have any real desire to read.

Er schlägt das Heft, entgegen seiner sonstigen Gewohnheit, Blatt für Blatt sorgfältig zu wenden, an einer beliebigen Stelle auf und findet dort ein großes Bild. 7.5

Contrary to his usual habit of carefully turning over page after page, he opens the notebook at a random point and finds a large picture.

Er zwingt sich es genauer anzusehn. 7.6

He forces himself to look at it more closely.

7.7 **Es stellt die Begegnung zwischen dem Kaiser von Rußland und dem Präsidenten von Frankreich dar.**

It depicts the meeting between the Emperor of Russia and the President of France.

7.8 **Sie findet auf einem Schiff statt.**

It takes place on a ship.

7.9 **Ringsherum bis in die Ferne sind noch viele andere Schiffe,**

There are many other ships in the distance,

7.10 **der Rauch ihrer Schornsteine verflüchtigt sich im hellen Himmel.**

the smoke from their funnels dissipating in the bright sky.

7.11 **Beide, der Kaiser und der Präsident, sind eben in langen Schritten einander entgegengeeilt und fassen einander gerade bei der Hand.**

Both the Emperor and the President have just rushed towards each other in long strides and are holding each other by the hand.

7.12 **Hinter dem Kaiser wie hinter dem Präsidenten stehen je zwei Herren.**

Two gentlemen stand behind the Emperor and two behind the President.

7.13 **Gegenüber den freudigen Gesichtern des Kaisers und des Präsidenten sind die Gesichter der Begleiter sehr ernst, die Blicke jeder Begleitgruppe vereinigen sich auf ihren Herrscher.**

In contrast to the joyful faces of the Emperor and the President, the faces of the attendants are very serious, the gazes of each accompanying group are united on their ruler.

Tiefer unten, der Vorgang spielt sich offenbar auf dem höchsten Deck des Schiffes ab, stehen vom Bildrand abgeschnitten lange Reihen salutierender Matrosen.

7.14

Lower down, apparently on the highest deck of the ship, long rows of saluting sailors stand cut off from the edge of the picture.

Blumfeld betrachtet allmählich das Bild mit mehr Teilnahme,

7.15

Blumfeld gradually looks at the picture with more interest,

hält es dann ein wenig entfernt und sieht es so mit blinzelnden Augen an.

7.16

then holds it a little further away and looks at it with squinting eyes.

Er hat immer viel Sinn für solche großartige Szenen gehabt.

7.17

He has always had a great sense for such grand scenes.

Daß die Hauptpersonen so unbefangen, herzlich und leichtsinnig einander die Hände drücken, findet er sehr wahrheitsgetreu.

7.18

He finds it very truthful that the main characters shake hands so uninhibitedly, warmly and carelessly.

Und ebenso richtig ist es, daß die Begleiter –

7.19

And it is equally true that the companions –

übrigens natürlich sehr hohe Herren, deren Namen unten verzeichnet sind –

7.20

very distinguished gentlemen, of course, whose names are listed below –

7.21 in ihrer Haltung den Ernst des historischen
Augenblicks wahren.)

maintain the seriousness of the historical moment in their
attitude.)

8.1 Und statt alles, was er benötigt, herunterzuholen,
sitzt Blumfeld still und blickt in den noch immer
nicht entzündeten Pfeifenkopf.

And instead of taking down everything he needs, Blumfeld
sits still and looks into the still unlit pipe bowl.

8.2 Er ist auf der Lauer, plötzlich, ganz unerwartet
weicht sein Erstarren und er dreht sich in einem
Ruck mit dem Sessel um.

He is on the lookout, suddenly, quite unexpectedly, his
torpor gives way and he turns around in a jerk with the
armchair.

8.3 Aber auch die Bälle sind entsprechend wachsam oder
folgen gedankenlos dem sie beherrschenden Gesetz,

But the balls are also alert or mindlessly follow the law that
governs them; at the same time as Blumfeld turns around,

8.4 gleichzeitig mit Blumfelds Umdrehung verändern
auch sie ihren Ort und verbergen sich hinter seinem
Rücken.

they also change their position and hide behind his back.

8.5 Nun sitzt Blumfeld mit dem Rücken zum Tisch,

Blumfeld now sits with his back to the table,

8.6 die kalte Pfeife in der Hand.

a cold pipe in his hand.

Die Bälle springen jetzt unter dem Tisch und sind, da dort ein Teppich ist, nur wenig zu hören. 8.7
The balls now bounce under the table and, as there is a carpet there, they are barely audible.

Das ist ein großer Vorteil es gibt nur ganz schwache dumpfe Geräusche, man muß sehr aufmerken, um sie mit dem Gehör noch zu erfassen. 8.8
This is a great advantage - there are only very faint muffled noises and you have to be very attentive to hear them.

Blumfeld allerdings ist sehr aufmerksam und hört sie genau. 8.9
Blumfeld, however, is very attentive and hears them precisely.

Aber das ist nur jetzt so, 8.10
But that's only now,

in einem Weilchen wird er sie wahrscheinlich gar nicht mehr hören. 8.11
in a while he probably won't hear them at all.

Daß sie sich auf Teppichen so wenig bemerkbar machen können, scheint Blumfeld eine große Schwäche der Bälle zu sein. 8.12
The fact that they can't make themselves heard on carpets seems to Blumfeld to be one of the balls' great weaknesses.

Man muß ihnen nur einen oder noch besser zwei Teppiche unterschieben und sie sind fast machtlos. 8.13
You only have to put one or even better two carpets under them and they are almost powerless.

Allerdings nur für eine bestimmte Zeit, 8.14
But only for a certain amount of time,

8.15 **und außerdem bedeutet schon ihr Dasein eine gewisse Macht.**

and their very existence means a certain amount of power.

Kapitel 2

Chapter 2

1.1 Jetzt könnte Blumfeld einen Hund gut brauchen, so ein junges, wildes Tier würde mit den Bällen bald fertig werden;

Blumfeld could do with a dog now, such a young, wild animal would soon be able to cope with the balls;

1.2 er stellt sich vor, wie dieser Hund mit den Pfoten nach ihnen hascht, wie er sie von ihrem Posten vertreibt, wie er sie kreuz und quer durchs Zimmer jagt und sie schließlich zwischen seine Zähne bekommt.

he imagines this dog pawing at them, chasing them from their post, chasing them all over the room and finally getting them between his teeth.

1.3 Es ist leicht möglich, daß sich Blumfeld in nächster Zeit einen Hund anschafft.

It is quite possible that Blumfeld will get a dog in the near future.

Vorläufig aber müssen die Bälle nur Blumfeld fürchten und er hat jetzt keine Lust sie zu zerstören, vielleicht fehlt es ihm auch nur an Entschlußkraft dazu.

For the time being, however, the balls only have to fear Blumfeld and he has no desire to destroy them now, perhaps he just lacks the determination to do so.

2.1

Er kommt abends müde aus der Arbeit und nun, wo er Ruhe nötig hat, wird ihm diese Überraschung bereitet.

He comes home tired from work in the evening and now, when he needs to rest, he gets this surprise.

2.2

Er fühlt erst jetzt, wie müde er eigentlich ist.

Only now does he realize how tired he actually is.

2.3

Zerstören wird er ja die Bälle gewiß, und zwar in allernächster Zeit, aber vorläufig nicht und wahrscheinlich erst am nächsten Tag.

He will certainly destroy the balls in the very near future, but not for the time being and probably not until the next day.

2.4

Wenn man das Ganze unvoreingenommen ansieht, führen sich übrigens die Bälle genügend bescheiden auf.

By the way, if you look at the whole thing impartially, the balls behave modestly enough.

2.5

2.6 Sie könnten beispielsweise von Zeit zu Zeit vorspringen, sich zeigen und wieder an ihren Ort zurückkehren, oder sie könnten höher springen, um an die Tischplatte zu schlagen und sich für die Dämpfung durch den Teppich so entschädigen.

They could, for example, jump forward from time to time, show themselves and return to their place, or they could jump higher to hit the table top and thus compensate for the cushioning provided by the carpet.

2.7 Aber das tun sie nicht, sie wollen Blumfeld nicht unnötig reizen, sie beschränken sich offenbar nur auf das unbedingt Notwendige.

But they don't do that, they don't want to irritate Blumfeld unnecessarily, they obviously limit themselves to what is absolutely necessary.

3.1 Allerdings genügt auch dieses Notwendige,

However,

3.2 um Blumfeld den Aufenthalt beim Tisch zu verleiden.

even this is enough to spoil Blumfeld's stay at the table.

3.3 Er sitzt erst ein paar Minuten dort und denkt schon daran, schlafen zu gehn.

He has only been sitting there for a few minutes and is already thinking of going to bed.

3.4 Einer der Beweggründe dafür ist auch der, daß er hier nicht rauchen kann, denn er hat die Zündhölzer auf das Nachttischchen gelegt.

One of the reasons for this is that he cannot smoke here, because he has put the matches on the bedside table.

Er müßte also diese Zündhölzchen holen, wenn er aber einmal beim Nachttisch ist, ist es wohl besser schon dort zu bleiben und sich niederzulegen.

3.5

He would therefore have to fetch these matches, but once he is at the bedside table, it is probably better to stay there and lie down.

Er hat hiebei auch noch einen Hintergedanken, er glaubt nämlich, daß die Bälle, in ihrer blinden Sucht, sich immer hinter ihm zu halten, auf das Bett springen werden und daß er sie dort, wenn er sich dann niederlegt, mit oder ohne Willen zerdrücken wird.

3.6

He also has an ulterior motive, for he believes that the balls, in their blind addiction to always stay behind him, will jump onto the bed and that he will crush them there, with or without his will, when he lies down.

Den Einwand, daß etwa auch noch die Reste der Bälle springen könnten, lehnt er ab.

3.7

He rejects the objection that the remains of the balls might also jump.

Auch das Ungewöhnliche muß Grenzen haben.

3.8

Even the unusual must have limits.

Ganze Bälle springen auch sonst, wenn auch nicht ununterbrochen, Bruchstücke von Bällen dagegen springen niemals, und werden also auch hier nicht springen.

3.9

Whole balls also bounce elsewhere, even if not continuously, but fragments of balls never bounce and will therefore not bounce here either.

»Auf!«

4.1

"Up!"

4.2 ruft er durch diese Überlegung fast mutwillig gemacht und stampft wieder mit den Bällen hinter sich zum Bett.

he shouts, almost wantonly, and stomps back to the bed with the balls behind him.

4.3 Seine Hoffnung scheint sich zu bestätigen, wie er sich absichtlich ganz nahe ans Bett stellt, springt sofort ein Ball auf das Bett hinauf.

His hope seems to be confirmed: as he deliberately stands very close to the bed, a ball immediately jumps up onto the bed.

4.4 Dagegen tritt das Unerwartete ein, daß der andere Ball sich unter das Bett begibt.

The unexpected happens, however, and the other ball goes under the bed.

4.5 An die Möglichkeit, daß die Bälle auch unter dem Bett springen könnten, hat Blumfeld gar nicht gedacht.

Blumfeld has not even considered the possibility that the balls could also jump under the bed.

4.6 Er ist über den einen Ball entrüstet, trotzdem er fühlt, wie ungerecht das ist, denn durch das Springen unter dem Bett erfüllt der Ball seine Aufgabe vielleicht noch besser als der Ball auf dem Bett.

He is indignant about the one ball, even though he feels how unfair it is, because by jumping under the bed, the ball perhaps fulfills its task even better than the ball on the bed.

4.7 Nun kommt alles darauf an, für welchen Ort sich die Bälle entscheiden, denn, daß sie lang getrennt arbeiten könnten, glaubt Blumfeld nicht.

Now it all depends on which place the balls choose, because Blumfeld doesn't believe that they could work separately for long.

Und tatsächlich springt im nächsten Augenblick auch der untere Ball auf das Bett hinauf. 4.8

And indeed, in the next moment, the lower ball also jumps up onto the bed.

Jetzt habe ich sie, denkt Blumfeld, heiß vor Freude, und reißt den Schlafrock vom Leib, um sich ins Bett zu werfen. 4.9

Now I've got it, thinks Blumfeld, hot with joy, and tears off his robe to throw himself into bed.

Aber gerade springt der gleiche Ball wieder unter das Bett. 4.10

But just then the same ball jumps under the bed again.

Übermäßig enttäuscht sinkt Blumfeld förmlich zusammen. 4.11

Overly disappointed, Blumfeld literally sinks down.

Der Ball hat sich wahrscheinlich oben nur umgesehn und es hat ihm nicht gefallen. 4.12

The ball was probably just looking around upstairs and didn't like it.

Und nun folgt ihm auch der andere und bleibt natürlich unten, 4.13

And now the other one follows him and of course stays downstairs,

denn unten ist es besser. 4.14

because it's better downstairs.

›Nun werde ich diese Trommler die ganze Nacht hier haben‹, denkt Blumfeld, beißt die Lippen zusammen und nickt mit dem Kopf. 4.15

'Now I'll have these drummers here all night,' thinks Blumfeld, biting his lips together and nodding his head.

5.1 **Er ist traurig, ohne eigentlich zu wissen, womit ihm die Bälle in der Nacht schaden könnten.**
He is sad, without really knowing what the balls could do to him at night.

5.2 **Sein Schlaf ist ausgezeichnet,**
His sleep is excellent,

5.3 **er wird das kleine Geräusch leicht überwinden.**
he will easily overcome the small noise.

5.4 **Um dessen ganz sicher zu sein,**
To be sure of this,

5.5 **schiebt er ihnen entsprechend der gewonnenen Erfahrung zwei Teppiche unter.**
he slips two rugs under them in accordance with the experience he has gained.

5.6 **Es ist, als hätte er einen kleinen Hund, den er weich betten will.**
It is as if he has a small dog that he wants to bed softly.

5.7 **Und als wären auch die Bälle müde und schläfrig,**
And as if the balls were also tired and sleepy,

5.8 **sind auch ihre Sprünge niedriger und langsamer als früher.**
their jumps are lower and slower than before.

Wie Blumfeld vor dem Bett kniet und mit der
Nachtlampe hinunterleuchtet, glaubt er manchmal,
daß die Bälle auf den Teppichen für immer
liegenbleiben werden, so schwach fallen sie, so
langsam rollen sie ein Stückchen weit.

5.9

As Blumfeld kneels in front of the bed and shines the night
lamp down on it, he sometimes thinks that the balls will
remain on the carpet forever, so weakly do they fall, so
slowly do they roll a little way.

Dann allerdings erheben sie sich wieder
pflichtgemäß.

5.10

Then, however, they dutifully rise again.

Es ist aber leicht möglich, daß Blumfeld, wenn er
früh unter das Bett schaut, dort zwei stille harmlose
Kinderbälle finden wird.

5.11

But it is easily possible that if Blumfeld looks under the
bed early in the morning, he will find two quiet, harmless
children's balls there.

Aber sie scheinen die Sprünge nicht einmal bis
zum Morgen aushalten zu können, denn schon als
Blumfeld im Bett liegt, hört er sie gar nicht mehr.

6.1

But they don't even seem to be able to stand the jumps until
the morning, because even as Blumfeld lies in bed, he can't
hear them at all.

Er strengt sich an, etwas zu hören, lauscht aus dem
Bett vorgebeugt –

6.2

He strains to hear something, leans forward out of bed and
listens –

kein Laut.

6.3

not a sound.

6.4 So stark können die Teppiche nicht wirken, die einzige Erklärung ist, daß die Bälle nicht mehr springen, entweder können sie sich von den weichen Teppichen nicht genügend abstoßen und haben deshalb das Springen vorläufig aufgegeben, oder aber, was das Wahrscheinlichere ist, sie werden niemals mehr springen.

The only explanation is that the balls are no longer bouncing, either they can't push themselves off the soft carpets sufficiently and have therefore given up bouncing for the time being, or, which is more likely, they will never bounce again.

6.5 Blumfeld könnte aufstehn und nachschauen, wie es sich eigentlich verhält, aber in seiner Zufriedenheit darüber, daß endlich Ruhe ist, bleibt er lieber liegen, er will an die ruhiggewordenen Bälle nicht einmal mit den Blicken rühren.

Blumfeld could get up and see how things are actually going, but in his satisfaction that there is finally peace and quiet, he prefers to remain lying down, not even wanting to touch the balls that have become still with his eyes.

6.6 Sogar auf das Rauchen verzichtet er gern,

He is even happy to give up smoking,

6.7 dreht sich zur Seite und schläft gleich ein.

turns to one side and falls asleep straight away.

7.1 Doch bleibt er nicht ungestört;

But he does not remain undisturbed;

7.2 wie sonst immer, ist sein Schlaf auch diesmal traumlos, aber sehr unruhig.

as usual, his sleep is dreamless this time too, but very restless.

Unzählige Male in der Nacht wird er durch die
Täuschung aufgeschreckt, als ob jemand an die Tür
klopfe.

7.3

Countless times during the night he is startled by the
illusion that someone is knocking at the door.

Er weiß auch bestimmt, daß niemand klopft;

7.4

He also knows for certain that no one is knocking;

wer wollte in der Nacht klopfen und an seine, eines
einsamen Junggesellen Tür.

7.5

who would knock in the night and at his, a lonely
bachelor's, door.

Obwohl er es aber bestimmt weiß, fährt er doch
immer wieder auf und blickt einen Augenblick
lang gespannt zur Türe, den Mund offen, die Augen
aufgerissen und die Haarsträhnen schütteln sich auf
seiner feuchten Stirn.

7.6

But although he knows for sure, he keeps getting up and
looking at the door for a moment, his mouth open, his eyes
wide and the strands of hair shaking on his damp forehead.

Er macht Versuche zu zählen, wie oft er geweckt wird,
aber besinnungslos von den ungeheuern Zahlen, die
sich ergeben, fällt er wieder in den Schlaf zurück.

7.7

He tries to count how many times he is woken up, but he
falls back to sleep, unconscious of the enormous numbers
that arise.

7.8 Er glaubt zu wissen, woher das Klopfen stammt,
es wird nicht an der Tür ausgeführt, sondern ganz
anderswo, aber er kann sich in der Befangenheit
des Schlafes nicht erinnern, worauf sich seine
Vermutungen gründen.

He thinks he knows where the knocking is coming from;
it is not at the door, but somewhere else entirely, but in
his sleep he cannot remember what his suspicions are
based on.

7.9 Er weiß nur, daß viele winzige widerliche Schläge
sich sammeln, ehe sie das große starke Klopfen
ergeben.

He only knows that many tiny disgusting knocks
accumulate before they result in the great strong knocking.

7.10 Er würde alle Widerlichkeit der kleinen Schläge
erdulden wollen, wenn er das Klopfen vermeiden
könnte, aber es ist aus irgendeinem Grunde zu spät,
er kann hier nicht eingreifen, es ist versäumt, er
hat nicht einmal Worte, nur zum stummen Gähnen
öffnet sich sein Mund, und wütend darüber schlägt er
das Gesicht in die Kissen.

He would want to endure all the disgustingness of the
small knocks if he could avoid the knocking, but for some
reason it is too late, he cannot intervene here, it is missed,
he does not even have words, his mouth opens only to yawn
silently, and angry at this he hits his face into the pillows.

7.11 So vergeht die Nacht.

And so the night passes.

Am Morgen weckt ihn das Klopfen der Bedienerin, mit einem Seufzer der Erlösung begrüßt er das sanfte Klopfen, über dessen Unhörbarkeit er sich immer beklagt hat, und will schon »herein« rufen, da hört er noch ein anderes lebhaftes, zwar schwaches, aber förmlich kriegerisches Klopfen.

8.1

In the morning, the knocking of the servant wakes him up, and with a sigh of relief he welcomes the gentle knocking, about whose inaudibility he has always complained, and is about to call "come in", when he hears another lively, admittedly faint, but literally belligerent knocking.

Es sind die Bälle unter dem Bett.

8.2

It's the balls under the bed.

Sind sie aufgewacht, haben sie im Gegensatz zu ihm über die Nacht neue Kräfte gesammelt?

8.3

Have they woken up, have they, unlike him, gathered new strength during the night?

»Gleich«, ruft Blumfeld der Bedienerin zu, springt aus dem Bett, aber vorsichtigerweise so, daß er die Bälle im Rücken behält, wirft sich, immer den Rücken ihnen zugekehrt, auf den Boden, blickt mit verdrehtem Kopf zu den Bällen und –

8.4

"In a moment", Blumfeld calls to the servant, jumps out of bed, but carefully so that he keeps his back to the balls, throws himself on the floor, always with his back to them, looks at the balls with a twisted head and –

möchte fast fluchen.

8.5

almost wants to curse.

8.6 Wie Kinder, die in der Nacht die lästigen Decken von sich schieben, haben die Bälle wahrscheinlich durch kleine, während der ganzen Nacht fortgesetzte Zuckungen die Teppiche so weit unter dem Bett hervorgeschoben, daß sie selbst wieder das freie Parkett unter sich haben und Lärm machen können.

Like children who push the annoying blankets off themselves in the night, the balls have probably pushed the rugs so far out from under the bed with little twitches that continue throughout the night that they themselves have the free parquet underneath them again and can make noise.

8.7 »Zurück auf die Teppiche«, sagt Blumfeld mit bösem Gesicht, und erst, als die Bälle dank der Teppiche wieder still geworden sind, ruft er die Bedienerin herein.

"Back on the carpets", says Blumfeld with a scowl, and only when the balls have become quiet again thanks to the carpets does he call the servant in.

8.8 Während diese, ein fettes, stumpfsinniges, immer steif aufrecht gehendes Weib, das Frühstück auf den Tisch stellt und die paar Handreichungen macht, die nötig sind, steht Blumfeld unbeweglich im Schlafrock bei seinem Bett, um die Bälle unten festzuhalten.

While she, a fat, dull-witted woman who always walks stiffly upright, puts breakfast on the table and does the few hand movements that are necessary, Blumfeld stands motionless in his robe by his bed, holding the balls downstairs.

8.9 Er folgt der Bedienerin mit den Blicken, um festzustellen, ob sie etwas merkt.

He follows the waitress with his eyes to see if she notices anything.

Bei ihrer Schwerhörigkeit ist das sehr 8.10
unwahrscheinlich und Blumfeld schreibt es seiner
durch den schlechten Schlaf erzeugten Überreiztheit
zu, wenn er zu sehen glaubt, daß die Bedienerin doch
hie und da stockt, sich an irgendeinem Möbel festhält
und mit hochgezogenen Brauen horcht.

Given her deafness, this is very unlikely and Blumfeld puts
it down to his overexcitement caused by poor sleep when he
thinks he sees the servant faltering here and there, holding
on to some piece of furniture and listening with raised
brows.

Er wäre glücklich, wenn er die Bedienerin 8.11
dazu bringen könnte, ihre Arbeit ein wenig zu
beschleunigen, aber sie ist fast langsamer als sonst.

He would be happy if he could get the waitress to speed up
her work a little, but she is almost slower than usual.

Umständlich belädt sie sich mit Blumfelds Kleidern 8.12
und Stiefeln und zieht damit auf den Gang, lange
bleibt sie weg, eintönig und ganz vereinzelt klingen
die Schläge herüber, mit denen sie draußen die
Kleider bearbeitet.

She laboriously loads herself up with Blumfeld's clothes
and boots and takes them out into the corridor; she stays
away for a long time, the beats with which she works on the
clothes outside sounding monotonous and very sporadic.

8.13 Und während dieser ganzen Zeit muß Blumfeld auf dem Bett ausharren, darf sich nicht rühren, wenn er nicht die Bälle hinter sich herziehen will, muß den Kaffee, den er so gern möglichst warm trinkt, auskühlen lassen und kann nichts anderes tun, als den herabgelassenen Fenstervorhang anstarren, hinter dem der Tag trübe herandämmert.

And all this time Blumfeld has to stay on the bed, must not move unless he wants to drag the balls behind him, has to let the coffee, which he likes to drink as warm as possible, cool down and can do nothing but stare at the lowered window curtain, behind which the day dawns gloomily.

8.14 Endlich ist die Bedienerin fertig,

At last the waitress has finished,

8.15 wünscht einen guten Morgen und will schon gehn.

wishes him a good morning and is about to leave.

8.16 Aber ehe sie sich endgültig entfernt, bleibt sie noch bei der Tür stehn, bewegt ein wenig die Lippen und sieht Blumfeld mit langem Blicke an.

But before she leaves for good, she stops at the door, purses her lips a little and gives Blumfeld a long look.

8.17 Blumfeld will sie schon zur Rede stellen, da geht sie schließlich.

Blumfeld is about to confront her when she finally leaves.

8.18 Am liebsten möchte Blumfeld die Tür aufreißen und ihr nachschreien, was für ein dummes, altes, stumpfsinniges Weib sie ist.

Blumfeld would like to tear the door open and shout at her what a stupid, old, dull-witted woman she is.

Als er aber darüber nachdenkt, was er gegen sie   8.19
eigentlich einzuwenden hat, findet er nur den
Widersinn, daß sie zweifellos nichts bemerkt hat
und sich doch den Anschein geben wollte, als hätte
sie etwas bemerkt.

But when he thinks about what he actually has against her,
he only finds the absurdity that she has undoubtedly not
noticed anything and yet wants to appear to have noticed
something.

Wie verwirrt seine Gedanken sind!   8.20

How confused his thoughts are!

Und das nur von einer schlecht durchschlafenen   8.21
Nacht!

And that only from a bad night's sleep!

Für den schlechten Schlaf findet er eine kleine   8.22
Erklärung darin, daß er gestern abend von seinen
Gewohnheiten abgewichen ist, nicht geraucht und
nicht Schnaps getrunken hat.

He finds a small explanation for the poor sleep in the fact
that he deviated from his habits last night, didn't smoke
and didn't drink schnapps.

Wenn ich einmal, und das ist das Endergebnis seines   8.23
Nachdenkens, nicht rauche und nicht Schnaps trinke,
schlafe ich schlecht.

Once, and this is the final result of his reflection, I don't
smoke or drink alcohol, I sleep badly.

9.1 Er wird von jetzt ab mehr auf sein Wohlbefinden achten, und beginnt damit, daß er aus seiner Hausapotheke, die über dem Nachttischchen hängt, Watte nimmt und zwei Wattekügelchen sich in die Ohren stopft.

From now on, he will pay more attention to his well-being and starts by taking absorbent cotton from his medicine chest hanging above the bedside table and stuffing two cotton balls into his ears.

9.2 Dann steht er auf und macht einen Probeschritt.

Then he stands up and takes a trial step.

9.3 Die Bälle folgen zwar, aber er hört sie fast nicht, noch ein Nachschub von Watte macht sie ganz unhörbar.

The balls follow, but he can hardly hear them; another supply of absorbent cotton makes them completely inaudible.

9.4 Blumfeld führt noch einige Schritte aus,

Blumfeld takes a few more steps,

9.5 es geht ohne besondere Unannehmlichkeit.

without any particular discomfort.

9.6 Jeder ist für sich, Blumfeld wie die Bälle, sie sind zwar aneinander gebunden, aber sie stören einander nicht.

Everyone is on their own, Blumfeld like the balls, they are bound to each other, but they don't disturb each other.

9.7 Nur als Blumfeld sich einmal rascher umwendet und ein Ball die Gegenbewegung nicht rasch genug machen kann, stößt Blumfeld mit dem Knie an ihn.

Only when Blumfeld turns around more quickly and a ball cannot make the counter-movement fast enough does Blumfeld bump into it with his knee.

Es ist der einzige Zwischenfall, im übrigen trinkt
Blumfeld ruhig den Kaffee, er hat Hunger, als hätte
er in dieser Nacht nicht geschlafen, sondern einen
langen Weg gemacht, wäscht sich mit kaltem,
ungemein erfrischendem Wasser und kleidet
sich an.

9.8

It is the only incident, otherwise Blumfeld drinks his coffee
calmly, he is hungry, as if he had not slept that night but
had come a long way, washes himself with cold, incredibly
refreshing water and gets dressed.

Bisher hat er die Vorhänge nicht hochgezogen,
sondern ist aus Vorsicht lieber im Halbdunkel
geblieben, für die Bälle braucht er keine fremden
Augen.

9.9

So far he hasn't pulled up the curtains, preferring to stay
in the semi-darkness out of caution; he doesn't need other
people's eyes for the balls.

Aber als er jetzt zum Weggehn bereit ist, muß er die
Bälle für den Fall, daß sie es wagen sollten –

9.10

But now that he is ready to leave, he has to take care of the
balls somehow in case they dare –

er glaubt es nicht –

9.11

he doesn't believe it –

ihm auch auf die Gasse zu folgen, irgendwie
versorgen.

9.12

to follow him into the alley.

Er hat dafür einen guten Einfall, er öffnet den großen
Kleiderkasten und stellt sich mit dem Rücken gegen
ihn.

9.13

He has a good idea: he opens the large wardrobe and stands
with his back against it.

9.14 Als hätten die Bälle eine Ahnung dessen, was beabsichtigt wird, hüten sie sich vor dem Inneren des Kastens, jedes Plätzchen, das zwischen Blumfeld und dem Kasten bleibt, nützen sie aus, springen, wenn es nicht anders geht, für einen Augenblick in den Kasten, flüchten sich aber vor dem Dunkel gleich wieder hinaus, über die Kante weiter in den Kasten sind sie gar nicht zu bringen, lieber verletzen sie ihre Pflicht und halten sich fast zur Seite Blumfelds.

As if the balls had an inkling of what was intended, they are wary of the inside of the box, making use of every little space that remains between Blumfeld and the box, jumping into the box for a moment if there is no other way, but fleeing from the darkness again immediately; they cannot be brought over the edge any further into the box, preferring to violate their duty and keep almost to Blumfeld's side.

9.15 Aber ihre kleinen Listen sollen ihnen nichts helfen,

But their little ruses are of no help to them,

9.16 denn jetzt steigt Blumfeld selbst rücklings in den Kasten und nun müssen sie allerdings folgen.

because now Blumfeld himself climbs backwards into the box and now they have to follow.

9.17 Damit ist aber auch über sie entschieden, denn auf dem Kastenboden liegen verschiedene kleinere Gegenstände, wie Stiefel, Schachteln, kleine Koffer, die alle zwar –

But this also decides their fate, because there are various small objects on the floor of the box, such as boots, boxes and small suitcases, which –

9.18 jetzt bedauert es Blumfeld – wohl geordnet sind,

Blumfeld now regrets – are all well organized,

aber doch die Bälle sehr behindern. 9.19

but still get in the way of the balls.

Und als nun Blumfeld, der inzwischen die Tür 9.20
des Kastens fast zugezogen hat, mit einem
großen Sprung, wie er ihn schon seit Jahren
nicht ausgeführt hat, den Kasten verläßt, die Tür
zudrückt und den Schlüssel umdreht, sind die Bälle
eingesperrt.

And when Blumfeld, who in the meantime has almost
pulled the door of the box shut, leaves the box with a great
leap, the likes of which he has not done for years, pushes
the door shut and turns the key, the balls are locked in.

›Das ist also gelungen‹, denkt Blumfeld und wischt 9.21
sich den Schweiß vom Gesicht.

'So we've succeeded,' Blumfeld thinks, wiping the sweat
from his face.

Wie die Bälle in dem Kasten lärmen! 9.22

What a noise the balls make in the box!

Es macht den Eindruck, als wären sie verzweifelt. 9.23

It looks as if they are desperate.

Blumfeld dagegen ist sehr zufrieden. 9.24

Blumfeld, on the other hand, is very satisfied.

Er verläßt das Zimmer und schon der öde Korridor 9.25
wirkt wohltuend auf ihn ein.

He leaves the room and even the dull corridor has a
soothing effect on him.

Er befreit die Ohren von der Watte und die vielen 9.26
Geräusche des erwachenden Hauses entzücken ihn.

He frees his ears from the absorbent cotton and the many
sounds of the awakening house delight him.

9.27 **Menschen sieht man nur wenig, es ist noch sehr früh.**
There are few people to be seen, it is still very early.

Kapitel 3

Chapter 3

1.1 Unten im Flur vor der niedrigen Tür, durch die man in die Kellerwohnung der Bedienerin kommt, steht ihr kleiner zehnjähriger Junge.

Down in the hallway, in front of the low door through which you enter the servant's basement apartment, stands her little ten-year-old boy.

1.2 Ein Ebenbild seiner Mutter,

A spitting image of his mother,

1.3 keine Häßlichkeit der Alten ist in diesem Kindergesicht vergessen worden.

none of the old woman's ugliness has been forgotten in this child's face.

1.4 Krummbeinig, die Hände in den Hosentaschen steht er dort und faucht, weil er schon jetzt einen Kropf hat und nur schwer Atem holen kann.

He stands there bow-legged, his hands in his trouser pockets, hissing because he already has a crop and can only catch his breath with difficulty.

Während aber Blumfeld sonst, wenn ihm der
Junge in den Weg kommt, einen eiligeren Schritt
einschlägt, um sich dieses Schauspiel möglichst zu
ersparen, möchte er heute bei ihm fast stehnbleiben
wollen.

1.5

But while Blumfeld usually takes a quicker step when the
boy gets in his way in order to avoid this spectacle as much
as possible, today he almost wants to stand still with him.

Wenn der Junge auch von diesem Weib in die
Welt gesetzt ist und alle Zeichen seines Ursprungs
trägt, so ist er vorläufig doch ein Kind, in diesem
unförmigen Kopf sind doch Kindergedanken, wenn
man ihn verständig ansprechen und etwas fragen
wird, so wird er wahrscheinlich mit heller Stimme,
unschuldig und ehrerbietig antworten, und man
wird nach einiger Überwindung auch diese Wangen
streicheln können.

1.6

Even if the boy was brought into the world by this woman
and bears all the signs of his origin, he is still a child for
the time being, there are still children's thoughts in this
misshapen head, if you speak to him intelligently and ask
him something, he will probably answer in a light voice,
innocently and reverently, and after some effort you will be
able to stroke his cheeks.

So denkt Blumfeld, geht aber doch vorüber.

1.7

Blumfeld thinks so, but passes by.

Auf der Gasse merkt er, daß das Wetter freundlicher
ist, als er in seinem Zimmer gedacht hat.

1.8

In the alley he realizes that the weather is kinder than he
had thought in his room.

Die Morgennebel teilen sich und Stellen blauen, von
kräftigem Wind gefegten Himmels erscheinen.

1.9

The morning mists part and patches of blue sky, swept by a
strong wind, appear.

1.10 Blumfeld verdankt es den Bällen, daß er viel früher aus seinem Zimmer herausgekommen ist als sonst, sogar die Zeitung hat er ungelesen auf dem Tisch vergessen, jedenfalls hat er dadurch viel Zeit gewonnen und kann jetzt langsam gehn.

Blumfeld has the balls to thank for the fact that he got out of his room much earlier than usual, he even left the newspaper unread on the table, at least he has gained a lot of time and can now walk slowly.

1.11 Es ist merkwürdig, wie wenig Sorge ihm die Bälle machen, seitdem er sie von sich getrennt hat.

It's strange how little he's worried about the balls since he separated them from himself.

1.12 Solange sie hinter ihm her waren, konnte man sie für etwas zu ihm Gehöriges halten, für etwas, das bei Beurteilung seiner Person irgendwie mit herangezogen werden mußte, jetzt dagegen waren sie nur ein Spielzeug zu Hause im Kasten.

As long as they were after him, they could be seen as something that belonged to him, something that had to be taken into account when judging him, but now they were just a toy in the box at home.

1.13 Und es fällt hiebei Blumfeld ein, daß er die Bälle vielleicht am besten dadurch unschädlich machen könnte, daß er sie ihrer eigentlichen Bestimmung zuführt.

And it occurs to Blumfeld that perhaps the best way to render the balls harmless would be to put them to their proper use.

Dort im Flur steht noch der Junge, Blumfeld wird ihm die Bälle schenken, und zwar nicht etwa borgen, sondern ausdrücklich schenken, was gewiß gleichbedeutend ist mit dem Befehl zu ihrer Vernichtung.

1.14

The boy is still standing there in the hallway; Blumfeld will give him the balls, not borrow them, but give them to him, which is certainly tantamount to ordering their destruction.

Und selbst wenn sie heil bleiben sollten, so werden sie doch in den Händen des Jungen noch weniger bedeuten als im Kasten, das ganze Haus wird sehn, wie der Junge mit ihnen spielt, andere Kinder werden sich anschließen, die allgemeine Meinung, daß es sich hier um Spielbälle und nicht etwa um Lebensbegleiter Blumfelds handelt, wird unerschütterlich und unwiderstehlich werden.

1.15

And even if they remain intact, they will mean even less in the boy's hands than in the box, the whole house will see how the boy plays with them, other children will join in, the general opinion that these are playballs and not Blumfeld's life companions will become unshakeable and irresistible.

Blumfeld läuft ins Haus zurück.

1.16

Blumfeld runs back into the house.

Gerade ist der Junge die Kellertreppe hinuntergestiegen und will unten die Tür öffnen.

1.17

The boy has just descended the cellar stairs and wants to open the door downstairs.

1.18 Blumfeld muß den Jungen also rufen und seinen Namen aussprechen, der lächerlich ist wie alles, was mit dem Jungen in Verbindung gebracht wird.

So Blumfeld has to call the boy and pronounce his name, which is ridiculous like everything else associated with the boy.

1.19 »Alfred, Alfred«, ruft er.

"Alfred, Alfred", he calls out.

1.20 Der Junge zögert lange.

The boy hesitates for a long time.

1.21 »Also komm doch«, ruft Blumfeld, »ich gebe dir etwas.«

"So come on", calls Blumfeld, "I'll give you something."

1.22 Die kleinen zwei Mädchen des Hausmeisters sind aus der gegenüberliegenden Tür herausgekommen und stellen sich neugierig rechts und links von Blumfeld auf.

The janitor's two little girls have come out of the opposite door and stand curiously to the right and left of Blumfeld.

1.23 Sie fassen viel schneller auf als der Junge und verstehen nicht, warum er nicht gleich kommt.

They catch on much faster than the boy and don't understand why he doesn't come straight away.

1.24 Sie winken ihm, lassen dabei Blumfeld nicht aus den Augen, können aber nicht ergründen, was für ein Geschenk Alfred erwartet.

They wave to him, not taking their eyes off Blumfeld, but are unable to fathom what kind of gift Alfred is expecting.

Die Neugierde plagt sie und sie hüpfen von einem
Fuß auf den andern.

1.25

Curiosity gets the better of them and they hop from one
foot to the other.

Blumfeld lacht sowohl über sie als über den Jungen.

1.26

Blumfeld laughs both at them and at the boy.

Dieser scheint sich endlich alles zurechtgelegt zu
haben und steigt steif und schwerfällig die Treppe
hinauf.

1.27

The latter finally seems to have everything figured out and
climbs the stairs stiffly and ponderously.

Nicht einmal im Gang verleugnet er seine Mutter,

1.28

Not even in the corridor does he deny his mother,

die übrigens unten in der Kellertür erscheint.

1.29

who incidentally appears in the cellar door downstairs.

Blumfeld schreit überlaut, damit ihn auch die
Bedienerin versteht und die Ausführung seines
Auftrags, falls es nötig sein sollte, überwacht.

1.30

Blumfeld shouts loudly so that the waitress understands
him and monitors the execution of his order, if necessary.

»Ich habe oben«, sagt Blumfeld,

1.31

"I have two beautiful balls upstairs", says Blumfeld,

»in meinem Zimmer zwei schöne Bälle. Willst du sie
haben?«

1.32

"in my room. Do you want them?"

1.33 Der Junge verzieht bloß den Mund, er weiß nicht, wie er sich verhalten soll, er dreht sich um und sieht fragend zu seiner Mutter hinunter.

The boy just grimaces, he doesn't know what to do, he turns around and looks down at his mother questioningly.

1.34 Die Mädchen aber fangen gleich an, um Blumfeld herumzuspringen und bitten um die Bälle.

But the girls immediately start jumping around Blumfeld and asking for the balls.

1.35 »Ihr werdet auch mit ihnen spielen dürfen«, sagt Blumfeld zu ihnen, wartet aber auf die Antwort des Jungen.

"You can play with them too", Blumfeld says to them, but waits for the boy's answer.

1.36 Er könnte die Bälle gleich den Mädchen schenken,

He could give the balls to the girls straight away,

1.37 aber sie scheinen ihm zu leichtsinnig und er hat jetzt mehr Vertrauen zu dem Jungen.

but they seem too reckless and he now has more confidence in the boy.

1.38 Dieser hat sich inzwischen bei seiner Mutter, ohne daß Worte gewechselt worden wären, Rat geholt und nickt auf eine neuerliche Frage Blumfelds zustimmend.

In the meantime, the boy has sought advice from his mother without any words having been exchanged and nods in agreement to another question from Blumfeld.

1.39 »Dann gib acht«, sagte Blumfeld, der gern übersieht, daß er hier für sein Geschenk keinen Dank bekommen wird,

"Then be careful", said Blumfeld, who likes to overlook the fact that he won't get any thanks for his gift,

»den Schlüssel zu meinem Zimmer hat deine Mutter, 1.40
den mußt du dir von ihr ausborgen, hier gebe ich
dir den Schlüssel von meinem Kleiderkasten und in
diesem Kleiderkasten sind die Bälle.

"your mother has the key to my room, you have to borrow
it from her, here I give you the key to my wardrobe and in
this wardrobe are the balls.

Sperr den Kasten und das Zimmer wieder 1.41
vorsichtig zu.

Carefully lock the box and the room again.

Mit den Bällen aber kannst du machen was du willst 1.42
und mußt sie nicht wieder zurückbringen.

But you can do what you like with the balls and you don't
have to bring them back.

Hast du mich verstanden?« 1.43

Do you understand me?"

Der Junge hat aber leider nicht verstanden. 1.44

Unfortunately, the boy didn't understand.

Blumfeld hat diesem grenzenlos begriffstutzigen 1.45
Wesen alles besonders klarmachen wollen, hat aber
gerade infolge dieser Absicht alles zu oft wiederholt,
zu oft abwechselnd von Schlüsseln, Zimmer und
Kasten gesprochen, und der Junge starrt ihn
infolgedessen nicht wie seinen Wohltäter, sondern
wie einen Versucher an.

Blumfeld had wanted to make everything very clear to this
infinitely obtuse creature, but precisely because of this
intention he repeated everything too often, spoke too often
alternately of keys, rooms and boxes, and as a result the boy
stared at him not like his benefactor but like a tempter.

1.46 Die Mädchen allerdings haben gleich alles begriffen, drängen sich an Blumfeld und strecken die Hände nach dem Schlüssel aus.

The girls, however, have understood everything straight away, press up against Blumfeld and stretch out their hands for the key.

1.47 »Wartet doch«, sagt Blumfeld und ärgert sich schon über alle.

"Wait a minute", says Blumfeld, already annoyed with everyone.

1.48 Auch vergeht die Zeit, er kann sich nicht mehr lange aufhalten.

Time is also running out and he can't wait much longer.

1.49 Wenn doch die Bedienerin endlich sagen wollte, daß sie ihn verstanden hat und alles richtig für den Jungen besorgen wird.

If only the waitress would finally say that she has understood him and will get everything right for the boy.

1.50 Statt dessen steht sie aber noch immer unten an der Tür, lächelt geziert wie verschämte Schwerhörige und glaubt vielleicht, daß Blumfeld oben über ihren Jungen in plötzliches Entzücken geraten sei und ihm das kleine Einmaleins abhöre.

But instead she is still standing downstairs by the door, smiling coyly like a bashful hard of hearing, perhaps believing that Blumfeld has suddenly become enraptured with her boy upstairs and is listening to his multiplication tables.

Blumfeld wieder kann aber doch nicht die
Kellertreppe hinuntersteigen und der Bedienerin
seine Bitte ins Ohr schreien, ihr Junge möge ihn doch
um Gottes Barmherzigkeit willen von den Bällen
befreien.

1.51

But Blumfeld again cannot descend the cellar stairs and
shout into the servant's ear that her boy should, for the love
of God, free him from the balls.

Er hat sich schon genug bezwungen, wenn er den
Schlüssel zu seinem Kleiderkasten für einen ganzen
Tag dieser Familie anvertrauen will.

1.52

He has already defeated himself enough by entrusting the
key to his wardrobe to this family for a whole day.

Nicht um sich zu schonen, reicht er hier
den Schlüssel dem Jungen, statt ihn selbst
hinaufzuführen und ihm dort die Bälle zu übergeben.

1.53

Not to spare himself, he hands the key to the boy instead of
taking him up there himself and handing him the balls.

Aber er kann doch nicht oben die Bälle zuerst
wegschenken und sie dann, wie es voraussichtlich
geschehen müßte, dem Jungen gleich wieder
nehmen, indem er sie als Gefolge hinter sich
herzieht.

1.54

But he can't first give the balls away upstairs and then, as he
would probably have to do, take them away from the boy by
dragging them behind him as an entourage.

»Du verstehst mich also noch immer nicht?«

1.55

"So you still don't understand me?"

1.56 fragt Blumfeld fast wehmütig, nachdem er zu einer neuen Erklärung angesetzt, sie aber unter dem leeren Blick des Jungen gleich wieder abgebrochen hat.

Blumfeld asks almost wistfully, after he has started a new explanation, but has immediately broken it off again under the boy's blank stare.

1.57 Ein solcher leerer Blick macht einen wehrlos.

Such a blank stare makes you defenceless.

1.58 Er könnte einen dazu verführen, mehr zu sagen als man will, nur damit man diese Leere mit Verstand erfülle.

It could tempt you to say more than you want to, just so that you can fill this emptiness with understanding.

2.1 »Wir werden ihm die Bälle holen«, rufen da die Mädchen.

"We'll get him the balls", the girls shout.

2.2 Sie sind schlau, sie haben erkannt, daß sie die Bälle nur durch irgendeine Vermittlung des Jungen erhalten können, daß sie aber auch noch diese Vermittlung selbst bewerkstelligen müssen.

They are clever, they have realized that they can only get the balls through the boy's mediation, but that they also have to manage this mediation themselves.

2.3 Aus dem Zimmer des Hausmeisters schlägt eine Uhr und mahnt Blumfeld zur Eile.

A clock chimes from the janitor's room and warns Blumfeld to hurry.

2.4 »Dann nehmt also den Schlüssel«, sagt Blumfeld, und der Schlüssel wird ihm mehr aus der Hand gezogen, als daß er ihn hergibt.

"Then take the key", says Blumfeld, and the key is pulled out of his hand more than he gives it up.

Die Sicherheit, mit der er den Schlüssel dem Jungen gegeben hätte, wäre unvergleichlich größer gewesen.

2.5

The security with which he would have given the key to the boy would have been incomparably greater.

»Den Schlüssel zum Zimmer holt unten von der Frau«, sagt Blumfeld noch,

2.6

"Get the key to the room from the woman downstairs", says Blumfeld,

»und wenn ihr mit den Bällen zurückkommt,

2.7

"and when you come back with the balls,

müßt ihr beide Schlüssel der Frau geben.«

2.8

you must give both keys to the woman."

»Ja, ja«, rufen die Mädchen und laufen die Treppe hinunter.

2.9

"Yes, yes", the girls shout and run down the stairs.

Sie wissen alles, durchaus alles, und als sei Blumfeld von der Begriffstutzigkeit des Jungen angesteckt, versteht er jetzt selbst nicht, wie sie seinen Erklärungen alles so schnell hatten entnehmen können.

2.10

They know everything, absolutely everything, and as if Blumfeld has been infected by the boy's obtuseness, he himself now doesn't understand how they were able to understand everything so quickly from his explanations.

3.1 Nun zerren sie schon unten am Rock der Bedienerin, aber Blumfeld kann, so verlockend es wäre, nicht länger zusehn, wie sie ihre Aufgabe ausführen werden, und zwar nicht nur weil es schon spät ist, sondern auch deshalb, weil er nicht zugegen sein will, wenn die Bälle ins Freie kommen.

Now they are already tugging at the servant's skirt downstairs, but Blumfeld, tempted as he is, can no longer watch them carry out their task, not only because it is already late, but also because he does not want to be there when the balls come out.

3.2 Er will sogar schon einige Gassen weit entfernt sein, wenn die Mädchen oben erst die Türe seines Zimmers öffnen.

He even wants to be a few alleys away by the time the girls upstairs open the door to his room.

3.3 Er weiß ja gar nicht,

After all,

3.4 wessen er sich von den Bällen noch versehen kann.

he doesn't know what else he can do with the balls.

3.5 Und so tritt er zum zweitenmal an diesem Morgen ins Freie.

And so he steps outside for the second time that morning.

3.6 Er hat noch gesehen, wie die Bedienerin sich gegen die Mädchen förmlich wehrt und der Junge die krummen Beine rührt, um der Mutter zu Hilfe zu kommen.

He has just seen how the servant literally fights off the girls and how the boy moves his crooked legs to help his mother.

Blumfeld begreift es nicht, warum solche Menschen wie die Bedienerin auf der Welt gedeihen und sich fortpflanzen.

3.7

Blumfeld cannot understand why people like the servant thrive and reproduce in the world.

Kapitel 4

Chapter 4

1.1 Während des Weges in die Wäschefabrik, in der Blumfeld angestellt ist, bekommen die Gedanken an die Arbeit allmählich über alles andere die Oberhand.

On the way to the laundry factory where Blumfeld is employed, thoughts of work gradually take over from everything else.

1.2 Er beschleunigt seine Schritte und trotz der Verzögerung, die der Junge verschuldet hat, ist er der erste in seinem Bureau.

He speeds up his steps and, despite the delay caused by the boy, he is the first in his office.

1.3 Dieses Bureau ist ein mit Glas verschalter Raum, es enthält einen Schreibtisch für Blumfeld und zwei Stehpulte für die Blumfeld untergeordneten Praktikanten.

This office is a glass-walled room containing a desk for Blumfeld and two standing desks for Blumfeld's subordinate interns.

Obwohl diese Stehpulte so klein und schmal sind, 1.4
als seien sie für Schulkinder bestimmt, ist es doch in
diesem Bureau sehr eng und die Praktikanten dürfen
sich nicht setzen, weil dann für Blumfelds Sessel kein
Platz mehr wäre.

Although these standing desks are as small and narrow as
if they were intended for schoolchildren, it is very cramped
in this office and the interns are not allowed to sit down
because then there would be no room for Blumfeld's chair.

So stehen sie den ganzen Tag an ihre Pulte gedrückt. 1.5

So they spend the whole day pressed up against their desks.

Das ist für sie gewiß sehr unbequem, es wird aber 1.6
dadurch auch Blumfeld erschwert, sie zu beobachten.

This is certainly very uncomfortable for them, but it also
makes it difficult for Blumfeld to observe them.

Oft drängen sie sich eifrig an das Pult, aber nicht etwa 1.7
um zu arbeiten, sondern um miteinander zu flüstern
oder sogar einzunicken.

They often huddle around the desk, not to work, but to
whisper to each other or even nod off.

Blumfeld hat viel Ärger mit ihnen, sie unterstützen 1.8
ihn bei weitem nicht genügend in der riesenhaften
Arbeit, die ihm auferlegt ist.

Blumfeld has a lot of trouble with them, they don't
support him nearly enough in the huge amount of
work he has to do.

1.9 Diese Arbeit besteht darin, daß er den gesamten Waren - und Geldverkehr mit den Heimarbeiterinnen besorgt, welche von der Fabrik für die Herstellung gewisser feinerer Waren beschäftigt werden.

This work consists of taking care of all the goods and money transactions with the home workers employed by the factory for the production of certain finer goods.

1.10 Um die Größe dieser Arbeit beurteilen zu können,

In order to be able to judge the extent of this work,

1.11 muß man einen näheren Einblick in die ganzen Verhältnisse haben.

one must have a closer insight into the whole situation.

1.12 Diesen Einblick aber hat, seitdem der unmittelbare Vorgesetzte Blumfelds vor einigen Jahren gestorben ist, niemand mehr, deshalb kann auch Blumfeld niemandem die Berechtigung zu einem Urteil über seine Arbeit zugestehn.

However, since Blumfeld's immediate superior died a few years ago, no one has had this insight, which is why Blumfeld cannot grant anyone the right to pass judgment on his work.

Der Fabrikant, Herr Ottomar zum Beispiel, 1.13
unterschätzt Blumfelds Arbeit offensichtlich,
er erkennt natürlich die Verdienste an, die sich
Blumfeld in der Fabrik im Laufe der zwanzig Jahre
erworben hat, und er erkennt sie an, nicht nur weil
er muß, sondern auch, weil er Blumfeld als treuen,
vertrauenswürdigen Menschen achtet, –

The factory owner, Mr. Ottomar, for example, obviously
underestimates Blumfeld's work; he naturally recognizes
the merits that Blumfeld has acquired in the factory over
the course of twenty years, and he acknowledges them,
not only because he has to, but also because he respects
Blumfeld as a loyal, trustworthy person, –

aber seine Arbeit unterschätzt er doch, er glaubt 1.14
nämlich, sie könne einfacher und deshalb in jeder
Hinsicht vorteilhafter eingerichtet werden, als sie
Blumfeld betreibt.

but he still underestimates his work, for he believes
that it can be set up more simply and therefore more
advantageously in every respect than Blumfeld does.

Man sagt, und es ist wohl nicht unglaubwürdig, daß 1.15
Ottomar nur deshalb sich so selten in der Abteilung
Blumfelds zeige, um sich den Ärger zu ersparen, den
ihm der Anblick der Arbeitsmethoden Blumfelds
verursacht.

It is said, and it is probably not implausible, that Ottomar
only appears so rarely in Blumfeld's department in order
to spare himself the annoyance that the sight of Blumfeld's
working methods causes him.

1.16 So verkannt zu werden, ist für Blumfeld gewiß traurig, aber es gibt keine Abhilfe, denn er kann doch Ottomar nicht zwingen, etwa einen Monat ununterbrochen in Blumfelds Abteilung zu bleiben, die vielfachen Arten der hier zu bewältigenden Arbeiten zu studieren, seine eigenen angeblich besseren Methoden anzuwenden und sich durch den Zusammenbruch der Abteilung, den das notwendig zur Folge hätte, von Blumfelds Recht überzeugen zu lassen.

To be misjudged in this way is certainly sad for Blumfeld, but there is no remedy, for he cannot force Ottomar to stay in Blumfeld's department for a month or so without interruption, to study the many different types of work to be done here, to apply his own supposedly better methods and to be convinced of Blumfeld's rightness by the collapse of the department that this would necessarily entail.

Deshalb also versieht Blumfeld seine Arbeit unbeirrt 1.17
wie vorher, erschrickt ein wenig, wenn nach langer
Zeit einmal Ottomar erscheint, macht dann im
Pflichtgefühl des Untergeordneten doch einen
schwachen Versuch, Ottomar diese oder jene
Einrichtung zu erklären, worauf dieser stumm
nickend mit gesenkten Augen weitergeht, und leidet
im übrigen weniger unter dieser Verkennung als
unter dem Gedanken daran, daß, wenn er einmal
von seinem Posten wird abtreten müssen, die
sofortige Folge dessen ein großes, von niemandem
aufzulösendes Durcheinander sein wird, denn er
kennt niemanden in der Fabrik, der ihn ersetzen und
seinen Posten in der Weise übernehmen könnte, daß
für den Betrieb durch Monate hindurch auch nur die
schwersten Stockungen vermieden würden.

So Blumfeld carries on with his work unperturbed as
before, is a little startled when Ottomar appears after a
long time, then makes a feeble attempt in the subordinate's
sense of duty to explain this or that device to Ottomar,
whereupon the latter nods silently and goes on with his
eyes downcast, and suffers less from this misjudgment than
from the thought of it, that if he ever has to leave his post,
the immediate consequence will be a great confusion that
no one will be able to resolve, because he knows of no one
in the factory who could replace him and take over his post
in such a way as to avoid even the most serious disruptions
to operations for months on end.

Wenn der Chef jemanden unterschätzt, 1.18

If the boss underestimates someone,

so suchen ihn darin natürlich die Angestellten 1.19
womöglich noch zu übertreffen.

the employees naturally try to outdo him.

1.20 **Es unterschätzt daher jeder Blumfelds Arbeit, niemand hält es für notwendig, zu seiner Ausbildung eine Zeitlang in Blumfelds Abteilung zu arbeiten, und wenn neue Angestellte aufgenommen werden, wird niemand aus eigenem Antrieb Blumfeld zugeteilt.**

So everyone underestimates Blumfeld's work, no one considers it necessary to work in Blumfeld's department for a while in order to train, and when new employees are taken on, no one is assigned to Blumfeld of their own accord.

1.21 **Infolgedessen fehlt es für die Abteilung Blumfelds an Nachwuchs.**

As a result, Blumfeld's department lacks new recruits.

1.22 **Es waren Wochen des härtesten Kampfes, als Blumfeld, der bis dahin in der Abteilung ganz allein, nur von einem Diener unterstützt, alles besorgt hatte, die Beistellung eines Praktikanten forderte.**

It was weeks of intense struggle when Blumfeld, who until then had managed everything in the department on his own, supported only by a servant, demanded that a trainee be provided.

1.23 **Fast jeden Tag erschien Blumfeld im Bureau Ottomars und erklärte ihm in ruhiger und ausführlicher Weise, warum ein Praktikant in dieser Abteilung notwendig sei.**

Blumfeld appeared in Ottomar's office almost every day and explained to him in a calm and detailed manner why a trainee was necessary in this department.

Er sei nicht etwa deshalb notwendig, weil Blumfeld   1.24
sich schonen wolle, Blumfeld wolle sich nicht
schonen, er arbeite seinen überreichlichen Teil und
gedenke damit nicht aufzuhören, aber Herr Ottomar
möge nur überlegen, wie sich das Geschäft im Laufe
der Zeit entwickelt habe, alle Abteilungen seien
entsprechend vergrößert worden, nur Blumfelds
Abteilung werde immer vergessen.

He was not necessary because Blumfeld wanted to take
it easy on himself, Blumfeld did not want to take it easy
on himself, he worked his fair share and did not intend
to stop, but Mr. Ottomar should only consider how the
business had developed over time, all departments had
been enlarged accordingly, only Blumfeld's department
was always forgotten.

Und wie sei gerade dort die Arbeit angewachsen!   1.25

And how the workload had increased there!

Als Blumfeld eintrat, an diese Zeiten könne sich Herr   1.26
Ottomar gewiß nicht mehr erinnern, hatte man dort
mit etwa zehn Näherinnen zu tun, heute schwankt
ihre Zahl zwischen fünfzig und sechzig.

When Blumfeld joined the company, Mr. Ottomar can
certainly no longer remember those times, there were
about ten seamstresses, today the number fluctuates
between fifty and sixty.

Eine solche Arbeit verlangt Kräfte, Blumfeld könne   1.27
dafür bürgen, daß er sich vollständig für die Arbeit
verbrauche, dafür aber, daß er sie vollständig
bewältigen werde, könne er von jetzt ab nicht mehr
bürgen.

Such work requires strength, Blumfeld could guarantee
that he would devote himself completely to the work, but
from now on he could no longer guarantee that he would be
able to cope with it completely.

1.28 Nun lehnte ja Herr Ottomar niemals Blumfelds Ansuchen geradezu ab, das konnte er einem alten Beamten gegenüber nicht tun, aber die Art, wie er kaum zuhörte, über den bittenden Blumfeld hinweg mit andern Leuten sprach, halbe Zusagen machte, in einigen Tagen alles wieder vergessen hatte, –

Now Mr. Ottomar never refused Blumfeld's request outright, he couldn't do that to an old civil servant, but the way he hardly listened, talked to other people over Blumfeld's request, made half promises and forgot everything again in a few days –

1.29 diese Art war recht beleidigend.

this way was quite insulting.

1.30 Nicht eigentlich für Blumfeld, Blumfeld ist kein Phantast, so schön Ehre und Anerkennung ist, Blumfeld kann sie entbehren, er wird trotz allem auf seiner Stelle ausharren, so lange es irgendwie geht, jedenfalls ist er im Recht, und Recht muß sich schließlich, wenn es auch manchmal lange dauert, Anerkennung verschaffen.

Not really for Blumfeld, Blumfeld is no phantast, as nice as honor and recognition are, Blumfeld can do without them, he will persevere in his position despite everything, as long as it somehow works, in any case he is in the right, and right must finally, even if it sometimes takes a long time, gain recognition.

1.31 So hat ja auch tatsächlich Blumfeld sogar zwei Praktikanten schließlich bekommen,

Blumfeld even got two interns in the end,

1.32 was für Praktikanten allerdings.

but what kind of interns.

Man hätte glauben, können, Ottomar habe eingesehn, er könne seine Mißachtung der Abteilung noch deutlicher als durch Verweigerung von Praktikanten durch Gewährung dieser Praktikanten zeigen.

1.33

One might have thought that Ottomar had realized that he could show his disregard for the department even more clearly than by refusing interns by granting these interns.

Es war sogar möglich, daß Ottomar nur deshalb Blumfeld so lange vertröstet hatte, weil er zwei solche Praktikanten gesucht und sie, was begreiflich war, so lange nicht hatte finden können.

1.34

It was even possible that Ottomar had only put Blumfeld off for so long because he had been looking for two such interns and, understandably, had been unable to find them for so long.

Und beklagen konnte sich jetzt Blumfeld nicht, die Antwort war ja vorauszusehn, er hatte doch zwei Praktikanten bekommen, während er nur einen verlangt hatte;

1.35

And Blumfeld could not complain now, the answer was foreseeable, he had received two interns, while he had only asked for one;

so geschickt war alles von Ottomar eingeleitet.

1.36

Ottomar had arranged everything so skillfully.

Natürlich beklagte sich Blumfeld doch, aber nur weil ihn förmlich seine Notlage dazu drängte, nicht weil er jetzt noch Abhilfe erhoffte.

1.37

Of course Blumfeld did complain, but only because he was literally forced to do so by his predicament, not because he was hoping for a remedy.

1.38 Er beklagte sich auch nicht nachdrücklich, sondern nur nebenbei, wenn sich eine passende Gelegenheit ergab.

He did not complain emphatically, but only in passing when a suitable opportunity arose.

1.39 Trotzdem verbreitete sich bald unter den übelwollenden Kollegen das Gerücht, jemand habe Ottomar gefragt, ob es denn möglich sei, daß sich Blumfeld, der doch jetzt eine so außerordentliche Beihilfe bekommen habe, noch immer beklage.

Nevertheless, a rumor soon spread among his ill-meaning colleagues that someone had asked Ottomar whether it was possible that Blumfeld, who had now received such an extraordinary allowance, was still complaining.

1.40 Darauf habe Ottomar geantwortet, es sei richtig, Blumfeld beklage sich noch immer, aber mit Recht.

Ottomar replied that it was true, Blumfeld was still complaining, but rightly so.

1.41 Er, Ottomar, habe es endlich eingesehn und er beabsichtige Blumfeld nach und nach für jede Näherin einen Praktikanten, also im Ganzen etwa sechzig zuzuteilen.

He, Ottomar, had finally realized this and he intended to gradually allocate Blumfeld one trainee for every seamstress, i.e. a total of around sixty.

1.42 Sollten aber diese noch nicht genügen, werde er noch mehr hinschicken und er werde damit nicht früher aufhören, bis das Tollhaus vollkommen sei, welches in der Abteilung Blumfelds schon seit Jahren sich entwickle.

But if these were not enough, he would send more and he would not stop until the madhouse that had been developing in Blumfeld's department for years was complete.

Nun war allerdings in dieser Bemerkung die
Redeweise Ottomars gut nachgeahmt, er selbst aber,
daran zweifelte Blumfeld nicht, war weit davon
entfernt, sich jemals auch nur in ähnlicher Weise
über Blumfeld zu äußern.

1.43

Now, this remark was a good imitation of Ottomar's way of
speaking, but Blumfeld had no doubt that he himself was
far from ever making similar remarks about Blumfeld.

Das Ganze war eine Erfindung der Faulenzer aus
den Bureaus im ersten Stock, Blumfeld ging darüber
hinweg, –

1.44

The whole thing was an invention of the loafers from the
offices on the second floor, Blumfeld ignored it –

hätte er nur auch über das Vorhandensein der
Praktikanten so ruhig hinweggehn können.

1.45

if only he could have ignored the presence of the interns so
calmly.

Die standen aber da und waren nicht mehr
wegzubringen. Blasse,

1.46

But they were standing there and couldn't be moved. Pale,

schwache Kinder.

1.47

weak children.

Nach ihren Dokumenten sollten sie das schulfreie
Alter schon erreicht haben, in Wirklichkeit konnte
man es aber nicht glauben.

1.48

According to their documents, they should have reached
school age by now, but in reality you couldn't believe it.

Ja, man hätte sie noch einmal einem Lehrer
anvertrauen wollen, so deutlich gehörten sie noch
an die Hand der Mutter.

1.49

Yes, you would have wanted to entrust them to a teacher
again, they still clearly belonged at their mother's hand.

1.50 **Sie konnten sich noch nicht vernünftig bewegen,**

They were not yet able to move sensibly and standing for long periods tired them immensely,

1.51 **langes Stehn ermüdete sie besonders in der ersten Zeit ungemein.**

especially in the early days.

1.52 **Ließ man sie unbeobachtet, so knickten sie in ihrer Schwäche gleich ein, standen schief und gebückt in einem Winkel.**

If they were left unobserved, they would immediately buckle in their weakness, standing crooked and bent at an angle.

1.53 **Blumfeld suchte ihnen begreiflich zu machen, daß sie sich für das ganze Leben zu Krüppeln machen würden, wenn sie immer der Bequemlichkeit so nachgäben.**

Blumfeld tried to make them understand that they would cripple themselves for life if they always gave in to comfort like this.

1.54 **Den Praktikanten eine kleine Bewegung aufzutragen, war gewagt, einmal hatte einer etwas nur ein paar Schritte weit bringen sollen, war übereifrig hingelaufen und hatte sich am Pult das Knie wundgeschlagen.**

It was daring to ask the trainees to make a small movement; once one of them had been told to take something only a few steps, had run overzealously and had bruised his knee on the desk.

Das Zimmer war voll Näherinnen gewesen, die Pulte voll Ware, aber Blumfeld hatte alles vernachlässigen, den weinenden Praktikanten ins Bureau führen und ihm dort einen kleinen Verband machen müssen.

1.55

The room had been full of seamstresses, the desks full of goods, but Blumfeld had had to neglect everything, take the crying trainee to the office and give him a little bandage.

Aber auch dieser Eifer der Praktikanten war nur äußerlich, wie richtige Kinder wollten sie sich manchmal auszeichnen, aber noch viel öfters oder vielmehr fast immer wollten sie die Aufmerksamkeit des Vorgesetzten nur täuschen und ihn betrügen.

1.56

But even this eagerness on the part of the trainees was only outward; like real children, they sometimes wanted to distinguish themselves, but much more often, or rather almost always, they only wanted to deceive the attention of their superiors and cheat them.

Zur Zeit der größten Arbeit war Blumfeld einmal schweißtriefend an ihnen vorübergejagt und hatte bemerkt, wie sie zwischen Warenballen versteckt Marken tauschten.

1.57

At the busiest time of the day, Blumfeld had once chased past them, dripping with sweat, and had noticed them exchanging tokens hidden between bales of goods.

Er hätte mit den Fäusten auf ihre Köpfe niederfahren wollen, für ein solches Verhalten wäre es die einzig mögliche Strafe gewesen, aber es waren Kinder, Blumfeld konnte doch nicht Kinder totschlagen.

1.58

He would have wanted to beat their heads with his fists, it would have been the only possible punishment for such behavior, but they were children, Blumfeld couldn't beat children to death.

1.59 **Und so quälte er sich mit ihnen weiter.**

And so he continued to torment them.

1.60 **Ursprünglich hatte er sich vorgestellt, daß die Praktikanten ihn in den unmittelbaren Handreichungen unterstützen würden, welche zur Zeit der Warenverteilung so viel Anstrengung und Wachsamkeit erforderten.**

Originally, he had imagined that the trainees would help him with the immediate tasks that required so much effort and vigilance at the time of goods distribution.

1.61 **Er hatte gedacht, er würde etwa in der Mitte hinter dem Pult stehn, immer die Übersicht über alles behalten und die Eintragungen besorgen, während die Praktikanten nach seinem Befehl hin - und herlaufen und alles verteilen würden.**

He had thought that he would stand in the middle behind the desk, always keeping track of everything and taking care of the entries, while the interns would run back and forth at his command and distribute everything.

Er hatte sich vorgestellt, daß seine Beaufsichtigung, die, so scharf sie war, für ein solches Gedränge nicht genügen konnte, durch die Aufmerksamkeit der Praktikanten ergänzt werden würde und daß diese Praktikanten allmählich Erfahrungen sammeln, nicht in jeder Einzelheit auf seine Befehle angewiesen bleiben und endlich selbst lernen würden, die Näherinnen, was Warenbedarf und Vertrauenswürdigkeit anlangt, voneinander zu unterscheiden.

He had imagined that his supervision, which, sharp as it was, could not suffice for such a crowd, would be supplemented by the attention of the trainees and that these trainees would gradually gain experience, would not remain dependent on his orders in every detail and would finally learn themselves to distinguish the seamstresses from one another as far as the need for goods and trustworthiness were concerned.

An diesen Praktikanten gemessen, waren es ganz leere Hoffnungen gewesen, Blumfeld sah bald ein, daß er sie überhaupt mit den Näherinnen nicht reden lassen durfte.

Judging by these trainees, it had been quite empty hopes; Blumfeld soon realized that he could not let them talk to the seamstresses at all.

Zu manchen Näherinnen waren sie nämlich von allem Anfang gar nicht gegangen, weil sie Abneigung oder Angst vor ihnen gehabt hatten, andern dagegen, für welche sie Vorliebe hatten, waren sie oft bis zur Tür entgegengelaufen.

From the very beginning, they had never gone to some of the seamstresses because they had disliked or been afraid of them, while others, for whom they had taken a liking, they had often run to meet them at the door.

1.62

1.63

1.64

1.65 Diesen brachten sie, was sie nur wünschten, drückten es ihnen, auch wenn die Näherinnen zur Empfangnahme berechtigt waren, mit einer Art Heimlichkeit in die Hände, sammelten in einem leeren Regal für diese Bevorzugten verschiedene Abschnitzel, wertlose Reste, aber doch auch noch brauchbare Kleinigkeiten, winkten ihnen damit hinter dem Rücken Blumfelds glückselig schon von weitem zu und bekamen dafür Bonbons in den Mund gesteckt.

They brought them whatever they wanted, pressed it into their hands with a kind of stealth, even if the seamstresses were entitled to receive it, collected various scraps, worthless leftovers, but also useful little things from an empty shelf for these favorites, waved them blissfully from afar behind Blumfeld's back and got sweets in their mouths in return.

1.66 Blumfeld machte diesem Unwesen allerdings bald ein Ende und trieb sie, wenn die Näherinnen kamen, in den Verschlag.

Blumfeld soon put an end to this mischief, however, and drove them into the shed when the seamstresses came.

1.67 Aber noch lange hielten sie das für eine große Ungerechtigkeit, trotzten, zerbrachen mutwillig die Federn und klopften manchmal, ohne daß sie allerdings den Kopf zu heben wagten, laut an die Glasscheiben, um die Näherinnen auf die schlechte Behandlung aufmerksam zu machen, die sie ihrer Meinung nach von Blumfeld zu erleiden hatten.

But for a long time they thought this was a great injustice, defied it, broke the feathers willfully and sometimes, without daring to raise their heads, knocked loudly on the glass panes to draw the seamstresses' attention to the bad treatment they felt they were suffering at Blumfeld's hands.

Das Unrecht, das sie selbst begehn, das können sie nicht begreifen.

2.1

They can't understand the injustice that they themselves commit.

So kommen sie zum Beispiel fast immer zu spät ins Bureau.

2.2

For example, they are almost always late for the office.

Blumfeld, ihr Vorgesetzter, der es von frühester Jugend an für selbstverständlich gehalten hat, daß man wenigstens eine halbe Stunde vor Bureaubeginn erscheint, –

2.3

Blumfeld, their supervisor, who from his earliest youth has taken it for granted that people should arrive at least half an hour before the office opens –

nicht Streberei, nicht übertriebenes Pflichtbewußtsein, nur ein gewisses Gefühl für Anstand veranlaßt ihn dazu, –

2.4

not nerdiness, not an exaggerated sense of duty, just a certain sense of decency –

Blumfeld muß auf seine Praktikanten meist länger als eine Stunde warten.

2.5

Blumfeld usually has to wait more than an hour for his trainees.

Die Frühstücksemmel kauend steht er gewöhnlich hinter dem Pult im Saal und führt die Rechnungsabschlüsse in den kleinen Büchern der Näherinnen durch.

2.6

Chewing his breakfast roll, he usually stands behind the desk in the hall and goes through the accounts in the seamstresses' little books.

2.7 **Bald vertieft er sich in die Arbeit und denkt an nichts anderes.**

He soon becomes absorbed in his work and thinks of nothing else.

2.8 **Da wird er plötzlich so erschreckt, daß ihm noch ein Weilchen danach die Feder in den Händen zittert.**

Then suddenly he is so startled that his pen trembles in his hands for a while afterwards.

2.9 **Der eine Praktikant ist hereingestürmt, es ist, als wolle er umfallen, mit einer Hand hält er sich irgendwo fest, mit der anderen drückt er die schwer atmende Brust –**

The one trainee has rushed in, it's as if he wants to fall over, with one hand he's holding on to something, with the other he's squeezing his heavily breathing chest –

2.10 **aber das Ganze bedeutet nichts weiter, als daß er wegen seines Zuspätkommens eine Entschuldigung vorbringt, die so lächerlich ist, daß sie Blumfeld absichtlich überhört, denn täte er es nicht, müßte er den Jungen verdienterweise prügeln.**

but the whole thing means nothing more than that he's making an excuse for being late, which is so ridiculous that Blumfeld deliberately ignores it, because if he didn't, he'd have to give the boy a deserved beating.

2.11 **So aber sieht er ihn nur ein Weilchen an,**

But he just looks at him for a moment,

2.12 **zeigt dann mit ausgestreckter Hand auf den Verschlag und wendet sich wieder seiner Arbeit zu.**

then points to the shed with an outstretched hand and turns back to his work.

Nun dürfte man doch erwarten, daß der Praktikant die Güte des Vorgesetzten einsieht und zu seinem Standort eilt.

2.13

Now you would expect the trainee to realize the kindness of his superior and hurry to his place.

Nein, er eilt nicht, er tänzelt, er geht auf den Fußspitzen, jetzt Fuß vor Fuß.

2.14

No, he doesn't hurry, he prances, he walks on tiptoe, now foot in front of foot.

Will er seinen Vorgesetzten verlachen? Auch das nicht.

2.15

Does he want to ridicule his superior? Not that either.

Es ist nur wieder diese Mischung von Furcht und Selbstzufriedenheit,

2.16

It's just that mixture of fear and complacency again,

gegen die man wehrlos ist.

2.17

against which you are defenceless.

Wie wäre es denn sonst zu erklären, daß Blumfeld heute, wo er doch selbst ungewöhnlich spät ins Bureau gekommen ist, jetzt nach langem Warten –

2.18

How else could it be explained that today, when Blumfeld himself has arrived at the office unusually late, after a long wait –

zum Nachprüfen der Büchlein hat er keine Lust –

2.19

he doesn't feel like checking the booklets –

2.20 durch die Staubwolken, die der unvernünftige Diener vor ihm mit dem Besen in die Höhe treibt, auf der Gasse die beiden Praktikanten erblickt, wie sie friedlich daherkommen.

he sees the two trainees peacefully walking down the alley through the clouds of dust that the unreasonable servant in front of him is raising with his broom.

2.21 Sie halten sich fest umschlungen und scheinen einander wichtige Dinge zu erzählen, die aber gewiß mit dem Geschäft höchstens in einem unerlaubten Zusammenhange stehn.

They are hugging each other tightly and seem to be telling each other important things, which, however, certainly have at most an illicit connection with the business.

2.22 Je näher sie der Glastür kommen,

The closer they get to the glass door,

2.23 desto mehr verlangsamen sie ihre Schritte.

the more they slow down their steps.

2.24 Endlich erfaßt der eine schon die Klinke, drückt sie aber nicht nieder, noch immer erzählen sie einander, hören zu und lachen.

Finally, one of them grabs the handle, but doesn't push it down; they are still telling each other stories, listening and laughing.

2.25 »Öffne doch unseren Herren«,

"Open the door for our master",

2.26 schreit Blumfeld mit erhobenen Händen den Diener an.

Blumfeld shouts at the servant with his hands up.

Aber als die Praktikanten eintreten, will Blumfeld nicht mehr zanken, antwortet auf ihren Gruß nicht und geht zu seinem Schreibtisch.

But when the trainees enter, Blumfeld doesn't want to quarrel any more, doesn't answer their greeting and goes to his desk.

2.27

Er beginnt zu rechnen, blickt aber manchmal auf, um zu sehn, was die Praktikanten machen.

He begins to calculate, but sometimes looks up to see what the interns are doing.

2.28

Der eine scheint sehr müde zu sein und reibt die Augen; als er seinen Überrock an den Nagel gehängt hat, benützt er die Gelegenheit und bleibt noch ein wenig an der Wand lehnen, auf der Gasse war er frisch, aber die Nähe der Arbeit macht ihn müde.

One of them seems very tired and rubs his eyes; when he has hung up his overcoat, he takes the opportunity to lean against the wall for a while; he was fresh on the street, but the proximity of work makes him tired.

2.29

Der andere Praktikant dagegen hat Lust zur Arbeit, aber nur zu mancher.

The other trainee, on the other hand, is in the mood for work, but only some of it.

2.30

So ist es seit jeher sein Wunsch, auskehren zu dürfen.

It has always been his wish to be allowed to sweep.

2.31

Nun ist das aber eine Arbeit, die ihm nicht gebührt, das Auskehren steht nur dem Diener zu;

But that is a job that does not belong to him, only the servant is allowed to sweep;

2.32

2.33 an und für sich hätte ja Blumfeld nichts dagegen, daß der Praktikant auskehrt, mag der Praktikant auskehren, schlechter als der Diener kann man es nicht machen, wenn aber der Praktikant auskehren will, dann soll er eben früher kommen, ehe der Diener zu kehren beginnt, und soll nicht die Zeit dazu verwenden, während er ausschließlich zu Bureauarbeiten verpflichtet ist.

in itself, Blumfeld would have no objection to the trainee sweeping, the trainee may sweep, you can't do worse than the servant, but if the trainee wants to sweep, then he should come earlier, before the servant starts sweeping, and should not use the time for it, while he is only obliged to do office work.

2.34 Wenn nun aber schon der kleine Junge jeder vernünftigen Überlegung unzugänglich ist, so könnte doch wenigstens der Diener, dieser halbblinde Greis, den der Chef gewiß in keiner andern Abteilung als in der Blumfelds dulden würde und der nur noch von Gottes und des Chefs Gnaden lebt, so könnte doch wenigstens dieser Diener nachgiebig sein und für einen Augenblick den Besen dem Jungen überlassen, der doch ungeschickt ist, gleich die Lust am Kehren verlieren und dem Diener mit dem Besen nachlaufen wird, um ihn wieder zum Kehren zu bewegen.

But if the little boy is already inaccessible to any reasonable consideration, then at least the servant, this half-blind old man, whom the boss would certainly not tolerate in any other department than Blumfeld's and who lives only by the grace of God and the boss, could at least be compliant and leave the broom to the boy for a moment, who is clumsy and will immediately lose the desire to sweep and run after the servant with the broom to get him to sweep again.

Nun scheint aber der Diener gerade für das Kehren 2.35
sich besonders verantwortlich zu fühlen, man sieht,
wie er, kaum daß sich ihm der Junge nähert, den
Besen mit den zitternden Händen besser zu fassen
sucht, lieber steht er still und läßt das Kehren, um
nur alle Aufmerksamkeit auf den Besitz des Besens
richten zu können.

But now the servant seems to feel particularly responsible
for sweeping; you can see how, as soon as the boy
approaches him, he tries to get a better grip on the broom
with his trembling hands, preferring to stand still and leave
the sweeping to focus all his attention on the possession of
the broom.

Der Praktikant bittet nun nicht durch Worte, denn er 2.36
fürchtet doch Blumfeld, welcher scheinbar rechnet,
auch wären gewöhnliche Worte nutzlos, denn der
Diener ist nur durch stärkstes Schreien zu erreichen.

The trainee does not ask with words, for he fears Blumfeld,
who seems to be calculating, and ordinary words would be
useless, for the servant can only be reached by shouting at
the top of his voice.

Der Praktikant zupft also zunächst den Diener am 2.37
Ärmel.

So the trainee first tugs the servant by the sleeve.

Der Diener weiß natürlich, um was es sich handelt, 2.38
finster sieht er den Praktikanten an, schüttelt den
Kopf und zieht den Besen näher, bis an die Brust.

The servant of course knows what it is, he scowls at the
trainee, shakes his head and pulls the broom closer to his
chest.

Nun faltet der Praktikant die Hände und bittet. 2.39

Now the trainee folds his hands and begs.

2.40 **Er hat allerdings keine Hoffnung, durch Bitten etwas zu erreichen, das Bitten belustigt ihn nur und deshalb bittet er.**

However, he has no hope of achieving anything by asking, the asking only amuses him and so he asks.

2.41 **Der andere Praktikant begleitet den Vorgang mit leisem Lachen und glaubt offenbar, wenn auch unbegreiflicherweise, daß Blumfeld ihn nicht hört.**

The other trainee accompanies the process with quiet laughter and obviously believes, albeit incomprehensibly, that Blumfeld does not hear him.

2.42 **Auf den Diener macht das Bitten nicht den geringsten Eindruck,**

The servant is not at all impressed by the request,

2.43 **er dreht sich um und glaubt jetzt den Besen in Sicherheit wieder gebrauchen zu können.**

he turns around and thinks he can now safely use the broom again.

2.44 **Aber der Praktikant ist ihm auf den Fußspitzen hüpfend und die beiden Hände flehentlich aneinanderreibend gefolgt und bittet nun von dieser Seite.**

But the trainee has followed him, hopping on tiptoe and rubbing his two hands together imploringly, and is now asking from this side.

2.45 **Diese Wendungen des Dieners und das Nachhüpfen des Praktikanten wiederholen sich mehrmals.**

The servant's turns and the trainee's jumping after him are repeated several times.

Schließlich fühlt sich der Diener von allen Seiten
abgesperrt und merkt, was er bei einer nur ein
wenig geringeren Einfalt gleich am Anfang hätte
merken können, daß er früher ermüden wird als der
Praktikant.

2.46

Finally the servant feels shut off from all sides and realizes,
as he could have realized at the beginning if he had been
only a little less simple, that he will tire sooner than the
trainee.

Infolgedessen sucht er fremde Hilfe, droht dem
Praktikanten mit dem Finger und zeigt auf Blumfeld,
bei dem er, wenn der Praktikant nicht abläßt, Klage
führen wird.

2.47

As a result, he seeks outside help, threatens the trainee
with his finger and points to Blumfeld, to whom he will
complain if the trainee does not desist.

Der Praktikant erkennt, daß er sich jetzt, wenn er
überhaupt den Besen bekommen will, sehr beeilen
muß, also greift er frech nach dem Besen.

2.48

The trainee realizes that if he wants to get the broom at all,
he will have to hurry, so he cheekily grabs the broom.

Ein unwillkürlicher Aufschrei des andern
Praktikanten deutet die kommende
Entscheidung an.

2.49

An involuntary cry from the other trainee foreshadows the
coming decision.

Zwar rettet noch der Diener diesmal den Besen,
indem er einen Schritt zurück macht und ihn
nachzieht.

2.50

This time the servant saves the broom by taking a step back
and pulling it after him.

2.51 Aber nun gibt der Praktikant nicht mehr nach, mit offenem Mund und blitzenden Augen springt er vor, der Diener will flüchten, aber seine alten Beine schlottern statt zu laufen, der Praktikant reißt an dem Besen, und wenn er ihn auch nicht erfaßt, so erreicht er doch, daß der Besen fällt und damit ist er für den Diener verloren.

But now the trainee no longer gives in, with open mouth and flashing eyes he jumps forward, the servant wants to flee, but his old legs shake instead of running, the trainee tears at the broom, and even if he doesn't catch it, he still manages to make the broom fall and so it is lost to the servant.

2.52 Scheinbar allerdings auch für den Praktikanten, denn beim Fallen des Besens erstarren zunächst alle drei, die Praktikanten und der Diener, denn jetzt muß Blumfeld alles offenbar werden.

Apparently for the trainee too, however, because when the broom falls, all three of them freeze, the trainees and the servant, because now everything must be revealed to Blumfeld.

2.53 Tatsächlich blickt Blumfeld an seinem Guckfenster auf, als sei er erst jetzt aufmerksam geworden, strenge und prüfend faßt er jeden ins Auge, auch der Besen auf dem Boden entgeht ihm nicht.

In fact, Blumfeld looks up at his peep window as if he has only just become aware of what is going on, he looks at everyone sternly and scrutinizingly, not even the broom on the floor escapes his notice.

Sei es, daß das Schweigen zu lange andauert, sei es, daß der schuldige Praktikant die Begierde zu kehren nicht unterdrücken kann, jedenfalls bückt er sich, allerdings sehr vorsichtig, als greife er nach einem Tier und nicht nach dem Besen, nimmt den Besen, streicht mit ihm über den Boden, wirft ihn aber sofort erschrocken weg, als Blumfeld aufspringt und aus dem Verschlage tritt.

2.54

Whether it is because the silence lasts too long or because the guilty trainee cannot suppress his desire to sweep, he bends down, albeit very carefully, as if he were reaching for an animal and not the broom, takes the broom, strokes it over the floor, but immediately throws it away in fright when Blumfeld jumps up and steps out of the shed.

»Beide an die Arbeit und nicht mehr gemuckst«, schreit Blumfeld und zeigt mit ausgestreckter Hand den beiden Praktikanten den Weg zu ihren Pulten.

2.55

"Both of you get to work and stop messing about", Blumfeld shouts and, holding out his hand, shows the two trainees the way to their desks.

Sie folgen gleich, aber nicht etwa beschämt mit gesenkten Köpfen, vielmehr drehn sie sich steif an Blumfeld vorüber und sehn ihm starr in die Augen, als wollten sie ihn dadurch abhalten, sie zu schlagen.

2.56

They follow immediately, but not with their heads bowed in shame; on the contrary, they turn stiffly past Blumfeld and look him fixedly in the eye, as if to stop him from hitting them.

Und doch könnten sie durch die Erfahrung genügend darüber belehrt sein, daß Blumfeld grundsätzlich niemals schlägt.

2.57

And yet they could be sufficiently instructed by experience that Blumfeld never hits.

2.58 **Aber sie sind überängstlich und suchen immer und ohne jedes Zartgefühl ihre wirklichen oder scheinbaren Rechte zu wahren.**

But they are overanxious and always seek to protect their real or apparent rights without any delicacy.

Möwenstein Books

www.mowenstein.com

Renowned Authors

H. G. Wells · Ernest Hemingway
H. P. Lovecraft · Lewis Carroll
Franz Kafka · Friedrich Nietzsche
Albert Einstein · Oscar Wilde
Hans Christian Andersen

Notable Works

Frankenstein · *Alice in Wonderland*
Heart of Darkness · *The Great Gatsby*
Siddhartha · *The Metamorphosis*
Thus Spoke Zarathustra

Translation Services

We offer translation services in various languages, including German, Spanish, Chinese, Korean, Arabic, and more. For custom translations or revisions, please contact us at:

Email: translation@mowenstein.com

Our Collections

Franz Kafka Collection

- The Metamorphosis / Die Verwandlung
- The Trial / Der Prozess
- The Castle / Das Schloss
- and many more...

Pakt mit dem Teufel

- Faust Parts I & II by Johann Wolfgang von Goethe
- Doctor Faustus by Christopher Marlowe

Portraits of Irishmen

- The Picture of Dorian Gray by Oscar Wilde
- A Portrait of the Artist as a Young Man by James Joyce

Children's Classics

- Winnie-the-Pooh / Pu der Bär
- Brothers Grimm Fairy Tales
- Fairy Tales Told for Children
  - Author: Hans Christian Andersen

Visit Us

At Möwenstein Books, we are committed to providing high-quality bilingual editions of classic works. Explore our collections and discover more titles across various genres and languages.

Website: www.mowenstein.com